ODYSSÉE B1

MÉTHODE DE FRANÇAIS

CAHIER D'ACTIVITÉS

Amélie Brito
Émilie Bucher

Les documents audios sont accessibles
sur l'espace digital **odyssee.cle-international.com**
ou avec le **QR Code** ci-dessous.

Crédits photographiques (de gauche à droite et de haut en bas) :

p. 5 : rico287/Adobe Stock ; New Africa/Adobe Stock – p. 6 : deagreez/Adobe Stock – p. 7 : Stephane Cardinale-Corbis/Getty Images – p. 9 : François G.Durand/Getty Images – p. 11 : www.jh-photo.de – p. 12 : Kitty/Adobe Stock – p. 13 : Dominique Charriau/ Getty Images; Lionel Hahn/Getty Images – p. 14 : ChristArt/Adobe Stock – p. 16 : JackF/Adobe Stock – p. 19 : CURIOS/Adobe Stock – p. 20 : aerogondo/Adobe Stock – p. 22 : Yakobchuk Olena/Adobe Stock – p. 24 : Tomfry/Adobe Stock ; Song_about_summer/Adobe Stock – p. 25 : Alvin Teo/Adobe Stock – p. 27 : Alex/Adobe Stock – p. 28 : Pavlo Melnyk/Adobe Stock – p. 31 : Photographee.eu/Adobe Stock – p. 34 : Andrey Popov/Adobe Stock / Couverture *Faire l'amour* de Jean-Philippe Toussaint, Editions de Minuit / Couverture *Le Grand Meaulnes*, d'Alain Fournier, Le Livre de Poche – p. 36 : ajr_images/Adobe Stock – p. 37 : valiza14/Adobe Stock – p. 40 : didesign/Adobe Stock – p. 41 : Beboy/Adobe Stock – p. 42 : sudowoodo/Adobe Stock – p. 43 : Belight/Adobe Stock – p. 44 : Serhii/Adobe stock ; VIAR PRO studio/Adobe Stock ; RD-Fotografie/Adobe Stock ; Sandra Manske/Adobe Stock ; EpicStockMedia/Adobe Stock – p. 46 : milazvereva/Adobe Stock – p. 47 : AntonioDiaz/Adobe Stock – p. 48 : kravtzov/Adobe Stock – p. 49 : kirill/Adobe Stock – p. 50 : LIGHTFIELD STUDIOS/Adobe Stock – p. 51 : Gorodenkoff/Adobe Stock – p. 56 : PhilippeGraillePhoto/Adobe Stock – p. 58 : WavebreakMediaMicro/Adobe Stock – p. 61 : loraks/Adobe Stock – p. 64 : Halfpoint/Adobe Stock – p. 66 : Oleksandr Moroz/Adobe Stock – p. 69 : Goffkein/Adobe Stock – p. 71 : Pixavril/Adobe Stock – p. 73 : 103tnn/Adobe Stock – p. 74 : WaveBreakMediaMicro/Adobe Stock – p. 77 : uplightpictures/Adobe Stock – p. 79 : maxshutter/Adobe Stock – p. 81 : Pixel-Shot/Adobe Stock – p. 82 : Viorel Sima/Adobe Stock – p. 83 : rawpixel.com/Adobe Stock – p. 85 : evgenij918/Adobe Stock ; sskenia/Adobe Stock ; ysbrandcosijn/Adobe Stock ; CDPIC/Adobe Stock – p. 86 : irissca/Adobe Stock – p. 89 : Stockwerk-Fotodesign – p. 91 : robert/Adobe Stock ; Patryk Kosmider/Adobe Stock ; Unclesam/Adobe Stock ; Zoe/Adobe Stock ; olly/Adobe Stock – p. 92 : Valmedia/Adobe Stock – p. 93 : Ainoa/Adobe Stock – p. 94 : pressmaster/Adobe Stock – p. 95 : Roquillo/Adobe Stock – p. 97 : DDRockstar/Adobe Stock – p. 98 : mickyso/Adobe Stock – p. 101 : valiza14/Adobe Stock – p. 102 : grandaded/Adobe Stock – p. 103 : K.-P. Adler/Adobe Stock – p. 104 : Dmitry Lobanov/Adobe Stock – p. 106 : Alexander Raths/Adobe Stock – p. 107 : hcast/Adobe Stock ; Michel Angelo/Adobe Stock – p. 108 : helenedevun/Adobe Stock – p. 109 : Gabriel Cassan/Adobe Stock – p. 112 : ludo.ludovic/Adobe Stock – p. 114 : Eric Isselée/Adobe Stock – p. 117 : Silvy K./Adobe Stock – p. 118 : ansyvan/Adobe Stock – p. 119 : Missleestocker/Adobe Stock – p. 121 : Iryna/Adobe Stock – p. 124 : Tanya Syrytsyna/Adobe Stock – p. 126 : noravector/Adobe Stock – p. 129 : Production Perig/Adobe Stock – p. 130 : Franck Thomasse/Adobe Stock ; Olaf Kunde/Adobe Stock – p. 132 : Drobot Dean/Adobe Stock – p. 133 : sodawhiskey/Adobe Stock ; pict rider/Adobe Stock – p. 134 : Dominique Charriau/Getty Images – p. 136 : Pixel-Shot/Adobe Stock – p. 138 : amriphoto.com/Adobe Stock – p. 141 : OceanProd/Adobe Stock – p. 142 : fotobeer/Adobe Stock ; Mounou Désiré Koffi – p. 145 : vladvm50/Adobe Stock ; Tiler84/Adobe Stock ; Ssecond/Adobe Stock ; He2/Adobe Stock – p. 146 : antoinemonat/Adobe Stock – p. 147 : rh2010/Adobe Stock

Direction éditoriale : Béatrice Rego
Marketing : Thierry Lucas
Édition : Brigitte Marie
Mise en page : Isabelle Vacher
Enregistrements : Vincent Bund

© CLE INTERNATIONAL, SEJER, 2022
ISBN : 978-209-035581-9

Sommaire

UNITÉ 1	À l'aise !	P. 4
UNITÉ 2	Vivre le monde	P. 16
UNITÉ 3	Tant de choses à partager	P. 28
UNITÉ 4	Les clés du bonheur	P. 40
UNITÉ 5	Le courage de rêver	P. 52
UNITÉ 6	Mon corps, mon ami	P. 64
UNITÉ 7	Instant mode	P. 76
UNITÉ 8	L'info en continu	P. 88
UNITÉ 9	Argent comptant	P. 100
UNITÉ 10	S'engager pour la planète	P. 112
UNITÉ 11	Soif de culture	P. 124
UNITÉ 12	Je suis ma propre muse	P. 136
DELF	Delf blanc 1	P. 148
	Delf blanc 2	P. 154

UNITÉ 1 — À l'aise !

LEÇON 1 • La beauté pour tous

VOCABULAIRE

1 Complétez les phrases avec ces expressions.

négligé(e) – (la) chirurgie esthétique – maquillé(e) – (une) frange

a. Adèle s'est coupé les cheveux courts sur le front, elle s'est fait une ....

b. Monique a décidé de refaire ses seins, elle va faire de la ....

c. Sofia ne sort jamais de chez elle sans mascara et rouge à lèvres, elle est tous les jours ....

d. Il ne se rase plus, ne change pas ses vêtements de la semaine et laisse ses cheveux pousser n'importe comment, il est vraiment ....

GRAMMAIRE

2 Complétez chaque phrase avec l'expression de la cause qui convient.

car – parce que – comme – grâce à – à cause de – puisque

a. Elle est magnifique .... sa nouvelle coupe de cheveux !

b. Julien a décidé de se faire un tatouage .... c'est à la mode.

c. Je trouve qu'il est négligé .... il ne porte jamais de vêtements chics.

d. .... elle se maquille beaucoup, je ne connais pas son vrai visage.

e. Je me suis coupé les cheveux .... tes critiques négatives sur mon style.
Et maintenant .... j'ai les cheveux courts, j'ai froid !

3 Terminez librement les phrases. Attention à la construction avec l'expression de la cause !

a. Il est devenu très beau car .... !

b. Elle est triste à cause de ....

c. Puisque Jérémie adore ce groupe de musique, ...

d. Son visage s'est adouci grâce aux ....

4 Complétez le texte avec les indicateurs de temps suivants.

Il y a un certain temps – Dans le temps – Il y a très longtemps – Récemment – vers – Autrefois – il y a quelques années

.... , au 19ème siècle, les vêtements étaient différents dans chaque région française.

.... que cela a changé : ces costumes ont disparu au début du xxe siècle.

.... de la jeunesse de mon grand-père, les hommes avaient les cheveux courts et une moustache.

.... , quand mon père était enfant, la mode était aux cheveux longs pour les hommes.

Mais cela a changé .... les années 80. Dans les années 90, la mode de la moustache a disparu.

Elle est revenue .... , dans les années 2010. .... cela a de nouveau changé : aujourd'hui, chacun choisit le style qu'il préfère.

COMPRÉHENSION ORALE

5 🔊 01 Écoutez et répondez aux questions.

a. Quelles sont les particularités du visage, des yeux et des cheveux du coupable que la témoin Mme Baltase a remarquées ?

....
....
....

b. Quel est le signe physique particulier du coupable ?
   1. Un piercing ☐   2. Un tatouage ☐   3. Une cicatrice ☐

c. Comment Mme Baltase définit-elle le physique du coupable ?
   1. Masculin ☐   2. Féminin ☐   3. Androgyne ☐

COMPRÉHENSION ÉCRITE

6 Lisez ce texte et répondez aux questions.

ELLE relooke : l'avant/après de Lorie, phobique du coiffeur

Lorie et ses cheveux, avant
« Je suis une vraie traumatisée du coiffeur ! C'est simple, je n'ai pas mis les pieds dans un salon depuis des années. Vers mes 3 ans, on m'a fait une coupe courte à la garçonne dont je garde un souvenir horrifié. Plus tard, une frange réalisée en famille a été tout aussi catastrophique. Depuis, je ne suis jamais allée chez un pro. (...) Malgré tout, il m'arrive parfois de trouver que mes cheveux longs, un peu trop fins et plats, auraient bien besoin des ciseaux d'un expert. »

La transformation par John Nollet
« Sa méfiance passée, Lorie était déterminée à opérer un changement. Cette coupe n'a donc rien d'un coup de tête, et tant mieux, car c'était la condition pour qu'elle soit réussie. Pour mettre en valeur le caractère de son visage et cette incroyable blondeur naturelle, j'ai opté pour un carré radical, légèrement plongeant, arrondi derrière et très court sur la nuque et près des oreilles. (...) »

D'après Alice Elia, *ELLE*, le 21 septembre 2021

a. Comment les cheveux de Lorie étaient-ils avant ?
....

b. Comment les cheveux de Lorie sont-ils après ?
....

c. Pourquoi Lorie n'était-elle jamais allée chez le coiffeur ?
   1. À cause du prix ☐
   2. À cause de sa coupe de cheveux ☐
   3. À cause d'un traumatisme d'enfance ☐

PRODUCTION ORALE

7 Répondez aux questions.

a. Y-a-t-il un idéal de beauté dans votre pays ?
b. Avez-vous un idéal de beauté ?
c. Les gens de votre pays sont-ils très tatoués ?

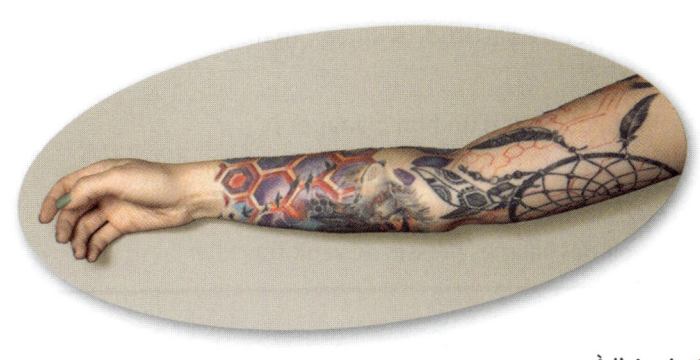

UNITÉ 1

LEÇON 2 • À chacun son caractère

VOCABULAIRE

1 Reliez les contraires.

a. Désagréable
b. Attentif(ve)
c. Modeste
d. Joyeux(euse)
e. Courageux(euse)

1. Malheureux(euse)
2. Prétentieux(euse)
3. Agréable
4. Peureux(euse)
5. Distrait(e)

GRAMMAIRE

2 Complétez ce dialogue avec les négations complexes qui conviennent.

ne…jamais – ne… aucun – ne…. que – ne…..ni….ni – ne….pas du tout – ne….rien

Sébastien : Dis donc, Sarah, tu as vu le nouveau collègue ? Il s'appelle Étienne je crois.

Sarah : Oui ! Je crois qu'il .... va .... être un collègue agréable ! Tu as entendu ce matin ?

J'ai fait des blagues, mais il .... a .... ri !

Sébastien : Oui, il .... a .... sens de l'humour ! Il .... a ri ....
à tes blagues, ... à mes blagues… Il .... comprend .... !

Sarah : Ou il .... est .... sérieux ?

Sébastien : Peut-être qu'il .... pense .... à son apparence… Pour paraître bien, sérieux, il refuse de rire ?

Enfin, c'est toujours pareil dans cette entreprise, il .... y a .... nous qui sommes drôles.

Djamila : Sébastien et Sarah, je vous entends, vous êtes encore en train de critiquer les autres dans le couloir ?

Vous .... faites .... ça ? Vous .... travaillez .... ?

Mais vous savez, vous .... êtes .... drôles, ... ouverts d'esprit.

COMPRÉHENSION ORALE

3 🔊 02 Écoutez et répondez aux questions.

a. Quelles sont les qualités demandées à un bon manager ?
 1. Être à l'écoute ☐
 2. Savoir diriger ☐
 3. Être un bon communicant ☐
 4. Être un bon vivant ☐

b. Quelle doit être l'attitude d'un bon manager ?

....

c. Quel est l'objectif d'un bon manager ?
 1. Avoir des salariés heureux de venir travailler ☐
 2. Avoir des salariés soucieux de venir travailler ☐
 3. Avoir des salariés pressés de venir travailler ☐

Unité 1 • À l'aise !

COMPRÉHENSION ÉCRITE

4 Lisez ce texte et répondez aux questions.

Omar Sy classé dans les 100 personnalités de l'année du magazine *Time*

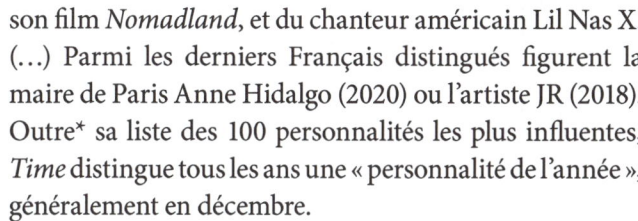

L'acteur français Omar Sy, vedette de la série télé *Lupin* qui a connu un succès mondial en 2021, est le seul Français dans la liste des 100 personnalités les plus influentes du magazine américain *Time*, révélée mercredi 15 septembre.

« *Omar a tous les ingrédients et toutes les compétences pour pouvoir faire n'importe quoi – produire, réaliser, etc. – et le faire avec un cœur ouvert et généreux. S'il y a une chose à retenir, c'est sa gentillesse qui vous imprègne et imprègne l'espace quand vous êtes avec lui* », écrit l'acteur et réalisateur Bradley Cooper, qui écrit un court texte sur l'acteur français.

Déjà connu dans le monde depuis le succès du film *Intouchables* (2011), Omar Sy a été le héros en 2021 de la série *Lupin*, premier grand succès français sur Netflix, qui a conquis des dizaines de millions d'abonnés dans le monde.

Omar Sy après Anne Hidalgo en 2020 et JR en 2018

L'acteur figure parmi les artistes sélectionnés par *Time*, aux côtés des actrices Scarlett Johansson et Kate Winslet, de la réalisatrice Chloé Zhao, couronnée aux Oscars pour son film *Nomadland*, et du chanteur américain Lil Nas X. (…) Parmi les derniers Français distingués figurent la maire de Paris Anne Hidalgo (2020) ou l'artiste JR (2018). Outre* sa liste des 100 personnalités les plus influentes, *Time* distingue tous les ans une « personnalité de l'année », généralement en décembre.

*Outre = En plus de

France Culture, 16/09/2021

a. L'acteur Omar Sy n'est connu qu'en France.
   Vrai ☐   Faux ☐

b. Quelle est la qualité d'Omar Sy que Bradley Cooper met en avant ?
   ....

c. Omar Sy est le seul Français dans la liste des 100 personnalités les plus influentes.
   Vrai ☐   Faux ☐

PRODUCTION ÉCRITE

5 Décrivez une personne qui est très importante pour vous un(e) ami(e), quelqu'un de votre famille, un(e) collègue… Décrivez son physique et son caractère, ses qualités et ses défauts.

PRODUCTION ORALE

6 Répondez aux questions.
   a. Comment serait votre collègue idéal(e) ?
   b. Chez un(e) ami(e), quels sont les qualités essentielles et les défauts interdits ?
   c. Dans une relation amoureuse, quelles sont les qualités essentielles et les défauts interdits ?

UNITÉ 1

LEÇON 3 • Des histoires d'amour

VOCABULAIRE

1 Retrouvez la définition de ces adjectifs.

   a. Fusionnel(le)
   b. Intense
   c. Fidèle
   d. Jaloux(se)
   e. Inconstant(e)

   1. Se dit pour une personne ou une chose qui est extrême.
   2. Se dit pour une personne ou une chose qui change facilement.
   3. Se dit d'une personne qui n'a pas confiance en amour ou qui est envieuse.
   4. Se dit pour des personnes qui sont liées d'une affection très forte.
   5. Se dit d'une personne dont l'amitié ou l'amour ne change pas.

PHONÉTIQUE

2 🔊 03 **a.** Écoutez ces mots : soulignez les « e » prononcés et barrez les « e » qui ne se prononcent pas.

a. Le désordre – b. Un couple – c. Internet – d. Se connecter – e. Elle se connecte. – f. Bref – g. Respectivement – h. Une veste – i. Appeler – j. Revoir – k. Excellente – l. Rire – m. Rirez

b. Répétez ces mots. Attention aux « e » !

COMPRÉHENSION ORALE

3 🔊 04 **Écoutez et répondez aux questions.**

   a. Comment Lucie a-t-elle rencontré Max ?
      1. Sur Internet ☐   2. Dans un restaurant ☐
   b. Qu'est-ce que Lucie adore chez Max ?
   ....
   c. Comment se sentait Lucie avant sa rencontre avec Max ?
   ....
   d. Pourquoi Guillaume a-t-il rencontré sa petite amie en Espagne ?
   ....
   e. Qu'est-ce qui a plu à Guillaume chez Laura ?
   ....
   f. Qu'est-ce que Guillaume et Laura faisaient ensemble ?
   ....

COMPRÉHENSION ÉCRITE

4 Lisez ce texte et répondez aux questions.

Melissa Theuriau sur son couple avec Jamel Debbouze : « On se dispute beaucoup »

Ils font partie des couples stars préférés des Français. L'humoriste Jamel Debbouze et la journaliste Melissa Theuriau filent le parfait amour depuis maintenant 11 ans. Et en autant de temps de relation, il est normal qu'il y ait des moments plus électriques que d'autres et des coups d'engueulades. Très discrets sur leur vie privée, la productrice et animatrice a pris le temps de faire quelques confessions à Daphnée Burki sur le plateau de « Je t'aime, etc. » : « C'est sain les disputes ! Nous on se dispute beaucoup, on se réconcilie vite donc c'est ce qui fait que les choses ne s'accumulent pas », a-t-elle expliqué le jeudi 31 octobre 2019. « C'est d'arriver à se le dire rapidement et que l'un ou l'autre vienne. », avoue Melissa Theuriau. Savoir se réconcilier immédiatement, sans doute le secret de longévité d'un couple solide.
En 11 ans de mariage, les deux tourtereaux en ont vécu des aventures. Ils se sont unis en mai au domaine de l'abbaye des Vaux de Cernay, à Cernay-la-Ville dans les Yvelines. Leur amour se concrétisera par la naissance de leurs deux enfants : Léon né le 3 décembre 2008, et Lila trois ans plus tard le 28 septembre 2011.

D'après Matthieu Bobard Deliere, *ELLE*, 3 novembre 2019

a. L'expression familière « une engueulade » signifie :
1. Un baiser ☐   2. Une dispute ☐
3. Une réconciliation ☐

b. Quel est le secret de longévité d'un couple solide ?
....
....
....

c. Quelle est l'opinion de Mélissa Theuriau au sujet des disputes de couple ?
....
....
....

PRODUCTION ÉCRITE

5 Racontez une histoire d'amour que vous trouvez belle : décrivez les personnes, racontez leur rencontre et le fonctionnement de leur couple.
Quelques idées : une histoire d'amour vue dans un film, dans un livre, dans votre entourage...

....
....
....
....
....
....

PRODUCTION ORALE

6 Répondez aux questions.
a. Avez-vous déjà connu le grand amour ?
b. Croyez-vous au coup de foudre ?
c. Peut-on être ami(e) avec un(e) ex ?

UNITÉ 1

LEÇON 4 · La perle rare

VOCABULAIRE

1 **Complétez le texte avec ces expressions.**

maquillé(e) – (une) barbe – relevé(e) – (des) lunettes – stressé(e)(s)

Hier, je suis allée au mariage de mon amie d'enfance Samia. C'était magnifique.

Elle portait une robe très simple mais qui la mettait en valeur. Elle avait .... ses cheveux en un chignon

et elle s'était légèrement .... Elle était très naturelle. Son mari, Noah, avait rasé sa ....

et il avait enlevé ses .... pour l'occasion, ce qui faisait ressortir ses yeux bleus. Ils étaient ....

mais radieux.

COMPRÉHENSION ORALE

2 🔊 **05 Écoutez et répondez aux questions.**

a. Quand Cédric a-t-il rencontré Pierre ?

....

....

b. Pourquoi le travail n'était pas facile avec Pierre ?

....

....

c. Cédric a réussi à gagner la confiance de Pierre.
    Vrai ☐   Faux ☐

d. Dans le premier travail de Léa, comment se passait l'arrivée au travail chaque matin ?

....

....

e. Qu'est-ce qui donnait de la confiance à Léa et ses collègues ?

....

....

f. Quelles sont les qualités de Cédric, Pierre et Émilie ? Cochez les bonnes réponses.

	Cédric	Pierre	Émilie
Dynamique			
Intéressant(e)			
Chaleureux(-euse)			
Souriant(e)			
Gentil(le)			
Attentionné(e)			
Discret(-ète)			

COMPRÉHENSION ÉCRITE

3 Lisez ce texte et répondez aux questions.

Discours de mariage : les règles à respecter

Faire un bon discours de mariage n'est pas une mission évidente. Pour preuve, près d'une mariée sur deux déclare avoir été déçue par le discours de mariage de son témoin. La date de mariage de votre meilleure amie approche ? Pas de panique ! On vous liste les règles à respecter pour faire le meilleur discours de mariage.

Être un bon orateur
La première règle essentielle est d'être un bon orateur. Si vous vous sentez nerveuse à l'idée de prendre la parole en public, n'hésitez pas à vous entraîner chez vous à plusieurs reprises.

Être authentique
(…) Vous devez exprimer avant tout vos sentiments. N'hésitez pas à parler de la joie que vous procure cette union… Et rappelez comment vous avez rencontré les mariés, ce que vous ressentez pour eux et tout le bien que vous leur souhaitez pour l'avenir.

Remercier les invités
(…) Dans tous les cas, pensez à remercier toutes les personnes qui ont participé à la réussite de cette journée. Il peut s'agir des membres de la famille ou des amis qui ont aidé pour la décoration des tables, de la salle ou qui se sont occupés de la musique ou des photos…. Tous les gens qui ont aidé pendant les préparatifs !

D'après Constance Durand, *Femme Actuelle*, 18 avril 2016

a. La moitié des mariées est …
1. embarrassée par le discours du témoin. ☐
2. déçue par le discours du témoin. ☐
3. ravie du discours du témoin. ☐

b. Pour faire un bon discours, la première règle est de …
1. savoir bien parler. ☐
2. savoir bien écrire. ☐
3. savoir être drôle. ☐

c. Pendant le discours, il est conseillé de…
1. remercier les invités. ☐
2. raconter son mariage. ☐
3. raconter comment on a rencontré les mariés. ☐

PRODUCTION ÉCRITE

4 Vous recevez ce courriel de Samira, une collègue et amie. Vous lui répondez : vous lui racontez la soirée d'hier à l'entreprise, ce qu'il s'est passé. Vous décrivez l'ambiance et le caractère des personnes qui participaient à la soirée.

De : samira@mail.be
Objet : la soirée d'hier

Salut !
Comment ça va ?
Alors, comment était la soirée d'intégration des nouveaux employés hier ? J'étais vraiment déçue de ne pas pouvoir être là ! Tu sais, c'est moi qui ai tout organisé : j'avais commandé le repas, j'avais choisi la musique, et j'avais préparé les décorations ! Est-ce que tout s'est bien passé ? Et comment étaient les nouveaux collègues pendant la soirée, ils avaient l'air sympas ? Je n'en ai rencontré que quelques-uns, mais je ne me rappelle plus de leurs prénoms…
Des bisous, et à bientôt !
Samira

À : samira@mail.be
Objet : la soirée d'hier

BILAN GRAMMAIRE

1 Complétez chaque phrase avec l'expression de la cause qui convient.
car – parce que – comme – grâce à – à cause de – puisque

   a. Ils se sont quittés .... sa jalousie. C'est dommage.
   b. .... c'est à la mode, elle s'est fait teindre les cheveux.
   c. Il a fait un beau discours .... sa sœur le lui a demandé.
   d. .... il ne fait jamais le ménage, ils se sont disputés.
   e. J'ai rencontré mon amoureux .... ma meilleure amie !
   f. C'est une collègue très agréable .... elle est toujours joyeuse.

2 Transformez les phrases à la forme négative. Choisissez la négation complexe qui convient.
ne… personne – ne… jamais – ne… rien – ne…aucun – ne…pas du tout

   Hier, je suis allé(e) chez le coiffeur.
   a. J'y étais déjà allée souvent.
   ....

   b. J'ai beaucoup aimé.
   ....

   c. Il y avait beaucoup de monde.
   ....

   d. J'ai vu tous mes amis chez le coiffeur.
   ....

   e. J'ai dit beaucoup de choses au coiffeur.
   ....

3 Vous avez quitté votre petit(e) ami(e). Faites 6 phrases négatives pour expliquer ses défauts. Utilisez les verbes proposés et les négations suivantes.
ne…jamais – ne… aucun – ne…. que – ne……ni….ni – ne….personne – ne….pas du tout

   a. Avoir des qualités
   ....

   b. Être sympathique et affectueux (-euse)
   ....

   c. Penser seulement à soi-même
   ....

   d. Faire la vaisselle
   ....

   e. Parler aux gens
   ....

   f. Dire « Je t'aime »
   ....

Unité 1 • À l'aise !

BILAN VOCABULAIRE

1 Complétez les phrases avec ces expressions.
(l') apparence – (le) caractère – (une) qualité – séducteur(rice) – (un) discours

a. Elle a mauvais ...., elle n'est jamais contente.
b. La patience est une .... essentielle pour être professeur.
c. Lors de sa nomination au poste de présidente, elle a prononcé un très beau ....
d. Il est assez superficiel, il ne choisit ses partenaires que sur leur ....
e. Il aime plaire et qu'on le regarde, c'est un ....

2 Décrivez ces deux actrices françaises : Leila Bekhti et Adèle Exarchopoulos.

Leila Bekhti est ....
....
....
....
....
....
....

Leila Bekhti

Adèle Exarchopoulos est ....
....
....
....
....
....
....

Adèle Exarchopoulos

3 Trouvez quel est le caractère des personnes décrites.
franc(he) – prétentieux(euse) – odieux(euse) – discret(ète)

a. James est un garçon timide, il ne parle pas beaucoup et on le remarque à peine. James est ....
b. David est désagréable avec ses collègues. Il croit être plus intelligent que tout le monde.
Il est toujours de mauvaise humeur. David est ....
c. Laurianne pense être toujours la meilleure. Elle se met tout le temps en avant. Laurianne est ....
d. Linda est quelqu'un de très direct. Je l'adore car elle dit toujours ce qu'elle pense. Linda est ....

À l'aise ! • Unité 1

ENTRAÎNEMENT AU DELF B1

COMPRÉHENSION ORALE

06 Écoutez et répondez aux questions.

a. Que fait Juliette Katz ?
   1. Elle a plusieurs activités. ☐
   2. Elle travaille à la télévision. ☐
   3. Elle crée des spectacles comiques. ☐

b. Qu'est-ce qui a été long pour Juliette Katz ?
   1. Parler de son choix de vie. ☐
   2. Être connue du grand public. ☐
   3. Accepter son apparence physique. ☐

c. Juliette Katz pense que pour la majorité des personnes, il est difficile...
   1. d'apprécier son corps. ☐
   2. de reconnaître ses qualités. ☐
   3. d'être à l'écoute de soi-même. ☐

d. La journaliste trouve dommage que Juliette Katz...
   1. montre trop son corps. ☐
   2. soit associée à un type de corps. ☐
   3. joue avec les différentes parties de son corps. ☐

e. Pour Juliette Katz, son corps ne définissait pas...
   1. son identité personnelle. ☐
   2. ses relations d'affection. ☐
   3. son apparence pour les autres. ☐

f. Que conseille Juliette Katz ?
   1. D'écrire pour mieux se connaître. ☐
   2. De travailler pour accepter ses qualités. ☐
   3. De suivre des thérapies pour se sentir mieux. ☐

COMPRÉHENSION ÉCRITE

Lisez ce texte et répondez aux questions.

L'amour est dans le pré

Tous les ans, des agriculteurs et agricultrices célibataires viennent chercher et, pour les plus chanceux, trouver l'amour dans l'émission diffusée le lundi soir sur M6 *L'amour est dans le pré*. Le concept est simple : en début d'année, leurs portraits sont dévoilés et leurs prétendants et prétendantes invités par Karine Le Marchand à leur écrire des lettres qu'ils ouvriront plusieurs semaines plus tard pour choisir leurs préférées. Speed-dating, découverte de la maison de l'autre et coup de foudre ou coup de cœur, l'émission a permis à de très nombreux couples de se former. Nombre d'entre eux sont même devenus parents depuis leur rencontre dans *l'Amour est dans le pré*. L'émission rassemble tous les ans des millions de téléspectateurs, critiques ou conquis devant les agriculteurs et agricultrices qui ouvrent leurs cœurs.

D'après TéléStar, 9/11/21

a. *L'amour est dans le pré* est ...
   1. un site de rencontre. ☐
   2. une émission de télévision. ☐
   3. une agence matrimoniale. ☐

b. Quelle est la caractéristique des célibataires de *L'amour est dans le pré* ?
   ....

c. Comment les célibataires entrent-ils en contact ?
   1. Par courrier ☐
   2. Par mail ☐
   3. Par téléphone ☐

d. Grâce à *L'amour est dans le pré*, de nombreux couples se sont formés.
   Vrai ☐   Faux ☐

PRODUCTION ÉCRITE

L'agence en ligne BELLE RENCONTRE

Vous souhaitez rencontrer l'amour ?
Inscrivez-vous sur notre site.
Pour cela, envoyez-nous par mail la description
de la personne de vos rêves (physique et caractère)
et votre description de vous-même.
Notre logiciel 2.0 vous fera rencontrer la personne parfaite
pour vivre le grand amour.

Vous vous inscrivez sur ce site de rencontre, vous envoyez par mail la description de votre idéal et votre description de vous-même. (150 mots minimum)

À :
Objet :

PRODUCTION ORALE

- **Monologue sur l'expression d'un point de vue**

Mettez-vous dans les conditions de l'examen : vous avez 10 minutes pour lire le sujet et noter sur votre brouillon vos idées principales. Dégagez le thème soulevé par le document et présentez votre opinion sous la forme d'un exposé personnel de 3 minutes environ.

TOUS MANNEQUINS

Y-a-t-il un idéal de beauté, ou chaque personne est-elle belle à sa manière ? L'exposition « Tous en beauté », de la photographe Sanjyot Telang, permet d'y réfléchir et de voir la beauté différemment.
Cette photographe a collaboré avec l'hôpital Trousseau pour un projet social avec des enfants en situation de handicap mental ou physique.
Ce projet a pour objectif de changer les normes de la beauté. Avec cette série, l'artiste veut proposer une nouvelle lecture de la mode et rendre cet univers accessible à tous.
Maquillés, habillés, coiffés par une équipe professionnelle de la mode, les enfants sont devenus modèles, ont exprimé leur style et ont montré leur vraie beauté.
L'équipe du service de neuropédiatrie de l'hôpital Trousseau a souhaité permettre aux patients et à leurs parents cette rencontre rare : « Notre expérience avec nos patients nous permet de reconnaître la beauté et sa valeur, pour tous les enfants. C'est pour cela que nous avons été séduits par la possibilité de cette collaboration avec Sanjyot. »

D'après sanjyottelang.com

UNITÉ 2 — Vivre le monde

LEÇON 1 • Top départ !

VOCABULAIRE

1 Quel est l'hébergement idéal pour ces touristes ?
Reliez chaque portrait au lieu de vacances qui lui correspond.

a. Une station balnéaire
b. Une auberge de jeunesse
c. Une chambre d'hôtes
d. Un club de vacances

1. Les Blanchard partent en vacances avec leurs 3 enfants, ils recherchent un lieu où leurs enfants pourront faire des activités et rencontrer d'autres enfants. Ils ne veulent pas cuisiner.
2. Mona et Matéo cherchent à découvrir de nouveaux pays. Ils ont un petit budget car ils sont encore étudiants.
3. Monique et Pierre souhaitent profiter des bienfaits de la mer et se reposer durant leurs vacances.
4. Max et Aurore aiment découvrir des lieux insolites et rencontrer les habitants.

GRAMMAIRE

2 Complétez les phrases avec les indicateurs de lieux qui conviennent.
en – par – au – ailleurs – autour – partout

a. Je suis en voyage en bateau depuis un an : ma maison change d'endroit, elle est .... !
b. Je pars toujours en vacances .... Québec. Je ne vais jamais ....
c. Mes amis ne font pas de ski. Ils font des randonnées .... de la station de ski.
d. Pour venir chez moi à pied, passe .... le chemin qui est derrière la boulangerie.
e. Cet été, nous allons voyager .... Tunisie. Nous ferons des excursions .... de Carthage.

3 Comme dans l'exemple, complétez les phrases avec l'adverbe. Créez l'adverbe à partir de l'adjectif souligné.
Exemple : *Clément fait des voyages rapides.* → *Clément voyage **rapidement**.*

a. Il est toujours <u>lent</u> quand il voyage. → Il voyage ....
b. Pendant son voyage, les personnes qui l'ont accueilli était très <u>gentilles</u>.
   → Pendant son voyage, il a été accueilli très ....
c. Cet hôtel avait une décoration <u>merveilleuse</u> ! → Cet hôtel était .... décoré !
d. Ce voyage organisé était une surprise <u>agréable</u> ! → Avec ce voyage organisé j'étais .... surprise !
e. Il a fait un <u>bref</u> séjour à Paris → Il est venu .... à Paris.

COMPRÉHENSION ORALE

4 🔊 07 Écoutez et répondez aux questions.

a. Quel type de voyage a effectué André ?
   1. Un tour du monde ☐
   2. Une randonnée en haute montagne ☐
   3. Une traversée ☐

b. Quel était son budget ?
....

c. André a voyagé …
   1. en avion. ☐   2. en stop. ☐   3. à vélo. ☐

Unité 2 • Vivre le monde

COMPRÉHENSION ÉCRITE

5 Lisez le texte et répondez aux questions.

Ces familles qui quittent tout pour parcourir le monde

Aurore et Franck se sont lancés dans la folle aventure du tour du monde en voilier avec leurs deux enfants, Ava et Karl. Une expérience riche en rencontres, en apprentissage grâce à de bien chouettes épisodes mais aussi aux mésaventures que l'on rencontre forcément lorsque l'on se lance dans ce pari dingue de parcourir le monde en voilier, en famille.
(…)
Aurore, où vous trouvez-vous actuellement ?
Nous sommes actuellement à Antigua Barbuda.
(…)

As-tu toujours eu l'âme d'une baroudeuse / aventurière ?
Oh oui, seule j'ai fait la Mongolie et la Namibie à cheval, traversé le Canada en 4×4 et visité l'Amérique centrale, c'est d'ailleurs comme cela que j'ai rencontré Frank, par hasard nous avons partagé la même chambre dans une auberge de jeunesse à Santa Catalina au Panama. (…) Pour autant nous aimons aussi ponctuer nos voyages par un bel hôtel, histoire de se faire plaisir, et un petit séjour au Club Med de temps en temps pour lâcher les enfants au club enfant ne fait jamais de mal !

D'après Boubouteatime journal, 16/02/2021
https://boubouteatime.com/travel/ces-familles-qui-quittent-tout-pour-parcourir-le-monde-partie-2/

a. Quel type de voyage Aurore et Frank ont entrepris avec leurs enfants ?
....
b. Aurore était-elle une grande voyageuse avant de partir ?
....
....

c. D'après vous, qu'est-ce que le Club Med ?
  1. Une chambre d'hôtes ☐
  2. Une auberge de jeunesse ☐
  3. Un club de vacances ☐

PRODUCTION ÉCRITE

6 Vous répondez à ce courriel de votre ami Jonathan pour lui proposer un programme détaillé pour son voyage (lieux, activités, hébergements, transports…).

De : jonathan@mail.be
Objet : Envie de voyager dans ton pays !

Salut !

Comment ça va ?
Je vais avoir du temps pour voyager cette année : environ un mois. J'aimerais beaucoup découvrir ton pays ! Tu pourrais m'aider à organiser mon voyage ? Où tu me conseilles d'aller ? Quel hébergement, quels transports tu me conseilles ? Et d'après toi, à quelle période de l'année ce serait le mieux pour voyager dans ton pays ?
Merci beaucoup pour ton aide !

Des bisous
Jonathan

À : jonathan@mail.be
Objet : Envie de voyager dans ton pays !

Vivre le monde • Unité 2

UNITÉ 2

LEÇON 2 • Voyager responsable

VOCABULAIRE

1 Complétez ces phrases avec les expressions suivantes.

à la belle étoile – (l') empreinte carbone – bondé(e)(s) – climatisé(e) – (un) écogeste

a. Les responsables politiques doivent diminuer leur trajet en avion pour diminuer leur ....

b. Nous préférons fermer les fenêtres et les volets la journée quand il fait chaud pour ne pas avoir besoin d'un logement ....

c. Manger des produits locaux durant ses vacances est un .... nécessaire.

d. Ils n'avaient ni hôtel, ni gîte, ils souhaitaient dormir dehors dans une clairière, ...

e. C'était impossible d'aller à l'exposition Cézanne, il y avait trop de monde, les salles étaient ....

GRAMMAIRE

2 Complétez les phrases avec *y* ou *en*.
Regardez le nom souligné : le pronom est utilisé pour ne pas répéter ce nom.

a. Il y a un grand nombre de <u>musées</u> à Paris. J'........ ai visité beaucoup.

b. Quand j'étais enfant, je partais en vacances <u>dans un petit village</u>. J'........ suis retournée cette année !

c. Ce village est au bord de <u>la mer</u>. L'été, on s'........ baigne très souvent !

d. En voyage, je privilégie <u>les produits locaux</u> pour les repas. Ils sont très bons, j'........ mange beaucoup !

3 Comme dans l'exemple, réécrivez la phrase en utilisant *y* ou *en* quand cela est possible.

Exemple : *Marco est parti en vacances en Tunisie. Il n'était jamais allé en Tunisie. → Marco est parti en vacances en Tunisie. Il n'y était jamais allé.*

a. Bien sûr que je connais Barcelone, je vais à Barcelone chaque année !
→ ....

b. On devrait essayer de mieux respecter les écogestes. Mais, souvent, on ne connaît pas assez d'écogestes.
→ ....

c. J'ai décidé d'arrêter de prendre l'avion. Je ne monterai plus dans un avion.
→ ....

d. Je voyage souvent. Je dors toujours dans des hôtels. J'ai vu de nombreux hôtels qui n'étaient pas éco-responsables.
→ ....

COMPRÉHENSION ORALE

4 🔊 08 Écoutez et répondez aux questions.

a. L'écotourisme représente…
  1. 5% du tourisme mondial. ☐ 2. 15% du tourisme mondial. ☐
  3. 50% du tourisme mondial. ☐

b. Comment les moyens de transport participent au changement climatique ?
....

c. Le tourisme représente…
  1. 5% des émissions de gaz à effet de serre. ☐
  2. 15% des émissions de gaz à effet de serre. ☐
  3. 50% des émissions de gaz à effet de serre. ☐

COMPRÉHENSION ÉCRITE

5 Lisez le texte et répondez aux questions.

L'ÉCOTOURISME

Avec l'écotourisme, il s'agit de voyager pour découvrir les écosystèmes. Ce type de tourisme implique une participation active des populations locales et des touristes pour sauvegarder la biodiversité. Il se pratique dans la nature, en petits groupes, au sein de petites structures. Par exemple, les touristes vont loger dans un centre de protection des animaux. Ils vont aider la population locale à s'occuper des animaux en danger, et le prix de leur séjour servira à financer les actions de sauvegarde.

Pourtant, écologie et tourisme peuvent-ils aller ensemble ?

L'écotourisme a certains avantages. Le but des écotouristes est bien de protéger l'environnement. Avec ce système, des zones naturelles, ou des sites culturels menacés, sont mis en valeur et préservés. Également, l'argent de l'écotourisme peut aider à développer l'économie locale : pour les repas, par exemple, ce sont les produits issus des petites productions locales qui vont être utilisés.

Cependant, l'écotourisme possède de nombreux inconvénients. Si des zones naturelles sont protégées, le nombre de touristes qui viennent les visiter peut être vraiment élevé. Leur présence en continu épuise et modifie parfois les écosystèmes. Les touristes sont très heureux de voir des animaux en liberté, dans une nature préservée, mais ils marchent, par milliers, sur les chemins de ces zones naturelles…

De plus, les « écotouristes » ne pratiquent généralement pas l'écotourisme près de chez eux, et génèrent donc de très nombreuses émissions polluantes pour aller visiter des zones naturelles à l'autre bout du monde. Par exemple, au Costa Rica, qui a beaucoup développé l'écotourisme, les touristes européens ou d'Amérique du Nord y vont en prenant l'avion sur une très longue distance… Cela est-il vraiment écologique ?

L'écotourisme, une fausse bonne idée, France 24

a. Grâce à l'écotourisme, la biodiversité est protégée par …
  1. les touristes. ☐   2. la population locale. ☐   3. la population locale et les touristes. ☐

b. Quel avantage apporte l'écotourisme aux populations locales ?
....

c. Reformulez les inconvénients de l'écotourisme.
....

PRODUCTION ÉCRITE

6 Avez-vous déjà visité ou vécu dans un endroit « surtouristique » ? Qu'en avez-vous pensé ?
Pour vous, quels en sont les avantages et les inconvénients ?

....
....
....
....
....

PRODUCTION ORALE

7 Répondez aux questions.
  a. Comment faire pour voyager en polluant moins ? Trouvez 3 idées faciles à appliquer.
  b. Y-a-t-il beaucoup de tourisme dans votre pays ?
  c. Quel type de touriste êtes-vous ?

UNITÉ 2

LEÇON 3 • L'art de voyager

VOCABULAIRE

1 Reliez ces mots à leur synonyme.

a. Un conte
b. L'hospitalité
c. Le patrimoine
d. Restaurer
e. Pittoresque

1. L'héritage
2. Rénover
3. Typique
4. L'accueil
5. Une légende

GRAMMAIRE

2 Écrivez le texte suivant au passé composé.

Je pars en voyage. Je visite le Québec. Je fais de nombreuses activités. Je rencontre différentes personnes. Dans une auberge de jeunesse, je participe à une soirée contes. J'écoute des contes amérindiens.

....
....
....

3 Écrivez le texte suivant à l'imparfait.

Pendant cette soirée de contes, je suis très ému. Le conteur est passionnant. Il fait des gestes, il joue un peu de musique, et tout le public est ravi. On a l'impression de voyager avec lui.

....
....
....

4 Complétez ce texte : conjuguez les verbes entre parenthèses aux temps qui conviennent (passé composé ou imparfait).

Depuis très longtemps, Jean-Marie, mon ami suisse me .... (parler) de la Fête des Vignerons de Vevey, sa région. Cette fête est organisée seulement tous les 20 ans ! Depuis plusieurs années, Jean-Marie la .... (préparer), avec d'autres participants. Elle .... (avoir) lieu justement cette année, et j'y .... (aller) ! C'................................... (être) magnifique ! Le samedi, Jean-Marie .... (chanter), avec beaucoup d'autres personnes, le « Ranz des vaches », un chant traditionnel. Ensuite, on .... (s'amuser) beaucoup, on .... (manger) la nourriture traditionnelle, et on .... (boire) le vin local. Je .... (rentrer) chez moi ravi de ce bon moment en Suisse !

5. Complétez les phrases avec l'adverbe de quantité qui convient.

environ – presque – autant

a. Le voyage dure .... 3 heures.

b. Autour de chez moi, il y a .... de bars que d'hôtels.

c. J'ai visité .... tous les musées de la capitale.

d. Je crois que cet arbre a .... 100 ans. Il a .... le même âge que ce bâtiment !

COMPRÉHENSION ÉCRITE

6. Lisez le texte et répondez aux questions.

Qu'est-ce qu'un greeter ?

En Belgique, les greeters sont des guides bénévoles qui partagent leurs coups de cœur, leur quartier et leurs anecdotes le temps d'une visite. Ces locaux* proposent des visites insolites et originales, entièrement gratuites et accueillent jusqu'à 6 personnes, le tout dans une atmosphère décontractée. Les visites avec un local peuvent se faire en 12 langues et sont basées sur l'échange, c'est un peu comme si vous accueilliez votre famille ou des amis dans votre ville. (…)

Le service des greeters convient aussi bien aux visiteurs étrangers qu'aux Belges eux-mêmes voire** aux Bruxellois qui souhaiteraient découvrir d'autres communes ou quartiers de leur ville. Nous accueillons aussi bien des étudiants, que des Erasmus, des expatriés, des jeunes travailleurs ou des pensionnés. Tout le monde est le bienvenu ! Rejoignez les 1000 visiteurs qui ont testé et approuvé l'an dernier !

Les greeters forment une équipe de plus de 100 habitants Bruxellois, aux profils très variés. Ils peuvent vous emmener aussi bien au centre-ville que dans les quartiers qu'ils affectionnent dans les 19 communes de la capitale. Chaque visite est unique car chaque greeter a ses centres d'intérêt de prédilection. Il y en a pour tous les goûts : histoire, art nouveau/art déco, Europe, street art, espaces verts, LGBT, gastronomie, bière, jazz, BD…

*un(e) local(e) = une personne qui habite dans la région
**voire = même

https://visit.brussels/fr/sites/greeters/m_article/qu-est-ce-qu-un-greeter

a. Un greeter est un guide professionnel.
   Vrai ☐   Faux ☐

b. Les visites des greeters sont réservées aux locaux.
   Vrai ☐   Faux ☐

c. Quels sont les avantages à visiter Bruxelles avec un greeter ?
   ....
   ....

PRODUCTION ÉCRITE

7. Écrivez une carte postale à un ami pour lui raconter votre voyage et vos émotions (lieux, découvertes, activités). Attention, utilisez le passé composé pour les actions, l'imparfait pour les émotions, les descriptions, les actions longues et habituelles.

UNITÉ 2

LEÇON 4 • Organiser son voyage

VOCABULAIRE

1 **Complétez ce texte avec les expressions suivantes.**

(un) bagage – (un) vol – (un) passeport – (un) enregistrement – (un) aéroport – (une) porte d'embarquement – (une) correspondance

L'hôtesse de l'air : « Après votre .... ,

vous pourrez passer la sécurité ainsi que la douane pour présenter

votre .... et vous irez

à la .... G32 pour

votre .... à destination de Lisbonne.

La compagnie aérienne est informée de votre .... en direction de Rio de Janeiro.

Vous retrouverez bien vos .... à l' .... de Rio. Bon voyage ! »

PHONÉTIQUE

2 🔊 **09** Écoutez ces personnes qui voyagent dans des pays francophones. À l'aide des sigles qu'elles utilisent, indiquez quelle est leur situation.

	Samira	Juliette	Sarah	Clémentine	Florence
a. Elle prend le train en Suisse.					
b. Elle fait de la randonnée en France.					
c. Elle prend le train en Belgique.					
d. Elle prend le train au Maroc.					
e. Elle prend le train en France.					

COMPRÉHENSION ORALE

3 🔊 **10** Écoutez et répondez aux questions.

a. Qu'est-ce que le covoiturage ?

....

b. Pourquoi Alain fait du covoiturage ?

....

c. Qui est Jean-Christophe ?

....

d. Que font Alain et Jean-Christophe ensemble ?

....

Unité 2 • Vivre le monde

COMPRÉHENSION ÉCRITE

4 Lisez le texte et répondez aux questions.

Trois bons conseils pour préparer seul son voyage à l'étranger

1. Choisir sa destination
Avant de se lancer dans l'organisation de son voyage, place à la recherche de sa destination. Et pour tenter de la définir avec précision, quelques questions s'imposent. Au-delà de ses envies de voyage, la question du budget est centrale, ainsi que la durée de ses vacances, ou le type de voyage : familial, solo, en couple ou entre amis. (...)
Vérifiez également la validité de vos documents d'identité, certaines destinations imposant une validité plusieurs mois après la fin du voyage.

2. Acheter son billet d'avion ou de train
Après avoir défini sa destination, mais également la date de son voyage, la première chose à faire est de passer à la réservation de ses billets d'avion ou de train.
Réserver bien en avance permet de bénéficier de tarifs préférentiels et d'avoir le temps pour se pencher sur son itinéraire et sur la suite de l'organisation de son périple. (...)

3. Réserver ses hébergements
Là aussi, la réservation de ses hébergements dépendra de la façon dont on souhaite voyager, de façon improvisée ou plus organisée. Mais pas toujours facile de réserver son logement quand on ne parle pas la langue du pays visité. Les sites de réservation en ligne permettent de réaliser ses réservations facilement et de façon sécurisée.

Par S.P., *L'Est Républicain*, 8 sept. 2021

a. Pour choisir sa destination, il faut vérifier ses papiers d'identité.
   Vrai ☐   Faux ☐

b. Quel est le conseil donné par l'article concernant l'achat du billet de transport ?
....

c. Selon l'article, pourquoi est-il plus simple de réserver son hébergement par internet ?
....

d. Écrivez un 4ème conseil pour bien préparer seul son voyage à l'étranger.
....

PRODUCTION ÉCRITE

5 Dans votre pays, quelle est la destination la plus visitée par les touristes ? Expliquez l'itinéraire depuis chez vous jusqu'à ce site touristique (type de transports, achat des billets...).
....
....
....

PRODUCTION ORALE

6 Répondez aux questions.
   a. Est-ce que vous avez déjà fait du covoiturage ? Qu'en pensez-vous ?
   b. Est-ce que vous êtes déjà parti en vacances à pied, à vélo, à cheval... ? Pourquoi ?
   c. Dans votre pays, comment fonctionnent les transports en commun ? Quels sont les transports les plus utilisés ?

BILAN GRAMMAIRE

1 Complétez le texte avec les prépositions *par, à* et les adverbes *ailleurs, autour, partout, environ, presque, autant*.

Cette année, j'ai décidé de faire de vraies vacances éco-responsables. Je ne suis donc pas parti .... l'étranger, je n'ai pas pris l'avion. Je suis parti en vacances .... de chez moi. J'habite à .... 10 km de la campagne, donc j'ai pris mon vélo, ma tente, de la nourriture pour aller me promener au hasard, sans destination. J'ai vite découvert des endroits que je ne connaissais pas, j'avais l'impression d'être .... que chez moi. C'était vraiment joli ! Je pense que .... il y a des choses nouvelles, et en voyageant près de chez soi, on découvre .... qu'en allant loin ! Je suis passé .... de très beaux villages et sites naturels. Et, en faisant du vélo chaque jour, je suis .... devenu un vrai sportif (mais pas complètement, car je me suis aussi beaucoup reposé !)

2 Transformez ces adjectifs en adverbes. Puis, écrivez une phrase avec l'adverbe.

a. bref → ....

b. merveilleux → ....

c. passionnant → ....

d. rapide → ....

3 Complétez le dialogue en utilisant *y* ou *en*. Puis, soulignez le nom que le pronom remplace.

Chloé : Tu as déjà fait de la randonnée ?

Bastien : Oui, j'........ ai déjà fait plusieurs fois ! Et toi ?

Chloé : Non, je n'........ ai jamais fait, mais j'aimerais bien essayer ! Toi, tu vas où pour .... faire ? Dans les Alpes ?

Bastien : Oui, j'étais allé m'........ promener l'an dernier. Mais je préfère les montagnes plus petites, je ne suis pas un grand sportif ! Cette année, j'aimerais partir faire 4 jours de randonnée dans les Vosges.

Chloé : Ah, génial ! J'........ vais souvent ! Mes grands-parents .... habitent ! Tu crois que je pourrais venir randonner avec toi ? Tu m'apprendrais, et en échange, tu viendrais loger et dîner chez mes grands-parents. En plus, ils cuisinent très bien, notamment tes biscuits préférés !

Bastien : Super ! Ce sera parfait d'........ prendre avec nous, pour .... manger pendant que nous marchons ! C'est toujours important, d'........ avoir, et d'autres choses sucrées, pendant qu'on fait de la randonnée !

Chloé : Super, j'adore les Vosges ! Et on .... va ensemble, ça me fait très plaisir !

4 Regardez la photo de Zoé et la photo de Yann. Racontez les vacances de Zoé et de Yann en utilisant les verbes de la liste. Utilisez les temps du passé qui conviennent (passé composé ou imparfait).

Verbes à utiliser : *choisir ; avoir envie de ; faire de la randonnée ; dormir ; visiter ; être heureuse ; découvrir.*

Verbes à utiliser : *partir ; prendre l'avion ; loger ; faire la fête ; être fatigué ; se baigner ; passer du temps.*

Unité 2 • Vivre le monde

BILAN VOCABULAIRE

1 Mettez dans l'ordre.

a. Arrivée à la porte d'embarquement

b. Atterrissage

c. Enregistrement des passagers et des bagages

d. Arrivée à l'aéroport

e. Décollage

f. Arrivée au guichet de la compagnie aérienne

g. Embarquement

2 Complétez les phrases avec ces expressions.
responsable(s) – (une) culture – rénover – (une) tradition – (l') empreinte carbone

a. Il est important de voyager quand on est jeune pour découvrir d'autres .... et d'autres ....

b. Avec le réchauffement climatique, il faut apprendre à voyager ....

c. Les entreprises encouragent leurs salariés à prendre le train plutôt que l'avion pour diminuer leur ....

d. Le palais de la Marine a été .... l'année dernière. Toutes les dorures et les sculptures ont été restaurées par des artisans.

3 Écrivez une phrase avec chacune de ces expressions.

a. Une destination
....

b. Un séjour
....

c. Le patrimoine
....

d. Une spécialité culinaire
....

Vivre le monde • Unité 2   25

ENTRAÎNEMENT AU DELF B1

COMPRÉHENSION ORALE

11 Écoutez et répondez aux questions.

a. Qu'a fait l'homme pendant ses vacances ?
   1. Il est resté chez lui. ☐
   2. Il a acheté une maison. ☐
   3. Il a rendu visite à des amis. ☐

b. Quelle activité a fait l'homme avec ses amis ?
   1. De la peinture. ☐
   2. Des baignades. ☐
   3. Des promenades. ☐

c. Qu'a pensé l'homme de ses vacances ?
   1. Il a apprécié. ☐
   2. Il s'est ennuyé. ☐
   3. Il préférait un voyage. ☐

d. Avec qui la femme était-elle en vacances ?
   1. Avec ses amis. ☐
   2. Avec sa famille. ☐
   3. Avec ses enfants. ☐

e. La femme a été déçue car...
   1. il y avait de nombreux touristes. ☐
   2. elle n'a pas vu les très belles plages. ☐
   3. les restaurants étaient de mauvaise qualité. ☐

f. Que veut faire la femme pendant ses prochaines vacances ?
   1. Partir à la campagne. ☐
   2. Visiter un endroit lointain. ☐
   3. Inviter des personnes chez elle. ☐

COMPRÉHENSION ÉCRITE

Lisez le texte et répondez aux questions.

Voyage en solo : tous nos conseils pour une virée en solitaire réussie

De Marco Polo à Mike Horn, beaucoup d'apprentis aventuriers rêvent d'explorations en solitaire à travers le monde. (…)

Lorsqu'on interroge les voyageurs, les raisons évoquées pour un départ en solo sont diverses et variées : amis ou famille peu disponibles, envie de vadrouiller à son rythme, besoin de choisir sans faire de compromis, soif de vivre sa propre expérience ou volonté de rencontrer du monde. Qu'on se le dise : il est plus simple de faire connaissance lorsqu'on part seul que lorsqu'on se déplace à deux ou plus. (…)

Le monde ouvre grand les bras à tous ceux qui rêvent de partir seuls. La majorité des destinations peuvent être découvertes en solo mais certaines sont plus adaptées que d'autres en fonction d'un certain nombre de critères à fixer au préalable* :
- Est-ce la première fois que vous partez seul ?
- Êtes-vous angoissé à l'idée du départ ?
- Quel est votre budget voyage ?
- Combien de temps souhaitez-vous partir ?
- Avez-vous envie de partir loin ou près de chez vous ?
- Préférez-vous découvrir ou vous reposer ?

(…) Choisir un dortoir dans une auberge de jeunesse peut aider à lier des amitiés. Tout est mis en place pour rapprocher la clientèle, des dortoirs aux parties communes : cuisine, salle à manger, salon, bar… Autre alternative : les clubs de vacances qui organisent des événements spéciaux pour les voyageurs solitaires ! (…)

D'autres astuces offrent la possibilité de se faire des copains en un temps record : dormir chez l'habitant en mode couchsurfing (nuit chez des locaux), s'inscrire à des excursions en groupe, partir dans le cadre d'un volontariat, prendre les transports en commun, faire des activités comme des cours de sport ou de langue…

*au préalable = avant toute autre chose

Solène D., blog Skycanner, 09/09/2021

a. Voyager en solitaire signifie :
   1. Voyager en bateau ☐   2. Voyager avec un petit budget ☐   3. Voyager seul(e) ☐

b. Pour quelles raisons les gens voyagent-ils en solo généralement ?
....

c. Lorsqu'on voyage en solo, il est plus facile de...
   1. visiter des monuments. ☐   2. faire connaissance. ☐   3. trouver un logement. ☐

d. Quels hébergements sont conseillés pour faire des rencontres ?
....

e. Lorsqu'on voyage en solo, s'inscrire à des excursions permet de...
   1. dormir chez l'habitant. ☐   2. prendre les transports en commun. ☐   3. se faire des amis. ☐

PRODUCTION ÉCRITE

Jeu – concours : Vos vacances de rêve !

Gagnez les vacances dont vous avez toujours rêvé !
Pour cela envoyez-nous une description de votre voyage idéal.
Avec qui souhaitez-vous partir ? Où ? Que souhaitez-vous y faire ?
Combien de temps ? Comment ? Quand ?
Racontez-nous tout et nous choisirons le plus beau voyage...
Adressez-nous par mail votre candidature à l'adresse :
vacancesderêves@pmail.fr

Vous répondez par courrier à ce jeu-concours en décrivant le voyage de vos rêves. (140 mots minimum)

....
....
....
....
....
....
....
....

PRODUCTION ORALE

- **ENTRETIEN DIRIGÉ**

  Répondez à ces questions pour parler de vous, de vos activités et de vos loisirs.
  Mettez-vous dans les conditions de l'examen : vous répondez aux questions de l'examinateur sans préparation.

  a. Présentez-vous : D'où êtes-vous ? Quel métier ou quelles études faites-vous ?
  b. Qu'avez-vous fait le week-end dernier ?
  c. Pouvez-vous nous raconter vos dernières vacances ou le dernier voyage que vous avez fait ?
  Qu'est-ce qui vous a plu ? Qu'est-ce qui vous a déçu ?

UNITÉ 3 — Tant de choses à partager

LEÇON 1 • Unis pour la vie ?

VOCABULAIRE

1 **Lisez les portraits des personnes suivantes et dites quelle est leur situation familiale.**
célibataire – marié(e) – pacsé(e) – veuf(ve) – divorcé(e) – concubin(e).

a. Géraldine et Thomas se sont rencontrés en 2004. Ils ont vite emménagé ensemble et ont chacun quitté leur studio d'étudiant pour un beau 2 pièces. En 2014, leur fille Mona est née.
Ils sont ....

b. Angèle a 87 ans, elle habite seule depuis le décès de son mari Marcel, il y a 25 ans.
Elle est ....

c. Malgré une magnifique cérémonie de mariage organisée au bord de la plage en Corse entourés de tous leurs amis et de leurs familles, Vincent et Marie n'ont pas réussi à communiquer et à régler leurs problèmes.
Ils sont passés devant le juge la semaine dernière. Ils sont ....

d. Charlotte a épousé Carole en 2020. Elles s'étaient rencontrées en 2018, cela avait été un véritable coup de foudre.
C'était une évidence pour toutes les deux. Elles sont ....

GRAMMAIRE

2 **Conjuguez les verbes entre parenthèses au plus-que-parfait.**

a. Hier, j'ai dîné avec mon petit ami. Avant-hier, il m'.. *(téléphoner)* et m'.. *(inviter)* au restaurant.

b. La semaine dernière, nous nous sommes disputés avec ma petite amie.
Avant cette dispute, nous .... *(décider)* de vivre ensemble, nous .... *(commencer)* à chercher une maison.

c. Il y a un mois, c'était le mariage de mon meilleur ami. J'étais son témoin.
Avant le mariage, je l'.. *(aider)* :
je l'.. *(accompagner)* pour choisir son costume,
et nous .... *(organiser)* la fête du mariage ensemble.

d. Quand j'ai rencontré Eric, je suis tombée amoureuse tout de suite ! Très vite, nous nous sommes installés ensemble. Pourtant, avant lui, j'.. toujours .... *(hésiter)* à être en couple, et j'.. toujours .... *(vivre)* seule.

3 **Lisez le texte.**
a. Repérez les éléments suivants :
– soulignez les verbes d'action ;
– entourez les verbes de description de la situation ;
– surlignez les marqueurs temporels (exemple : Hier soir).

> « Hier soir, avec Tristan, mon petit ami, nous avons fait une promenade. Il avait l'air stressé, il était nerveux. Nous sommes arrivés dans un joli parc, qui m'a rappelé des souvenirs : il y a 5 ans, nous nous étions embrassés pour la première fois à cet endroit ! Hier soir, à cet endroit, il m'a pris la main, et m'a demandée en mariage !!! J'étais très heureuse ! Mais aussi, j'étais très étonnée : le matin, j'avais décidé de le demander en mariage ! J'avais appelé un restaurant romantique, pour réserver pour le dîner. Puis, j'étais allée lui acheter un petit cadeau.
> Finalement, je lui ai offert le cadeau dans le parc, puis nous sommes allés dîner au restaurant comme j'avais prévu ! Nous étions très heureux de proposer le mariage en même temps ! »

b. Complétez le tableau : mettez les actions dans l'ordre chronologique. Puis, indiquez les temps verbaux. Indiquez aussi à quel moment se passe cette action.

Moments	Actions	Temps verbaux
	1.	
	2.	
	3.	
	4.	
	5.	
Hier soir	6. Faire une promenade / Nous avons fait une promenade.	Passé composé
	7.	
	8.	
	9.	
	10.	
	11.	
	12.	

PHONÉTIQUE

4 🔊 **12** **Lisez à voix haute ces phrases écrites en français correct. Puis, écoutez leur prononciation orale, écrivez-la, et répétez-la.**

a. Je ne me suis jamais disputée avec mon copain.

b. Ce n'est pas de ta faute, tu sais !

c. Tu n'as pas envie de te marier ?

d. Si il ne veut pas vivre avec moi, je ne sais pas quoi faire !

COMPRÉHENSION ÉCRITE

5 **Lisez le texte et répondez aux questions.**

a. De quel phénomène parle cet article ?

b. Dans quelles cultures certains rituels existent déjà autour de ce concept ?

c. Quels sont les aspects positifs et négatifs du divorce selon le texte ?

d. Quels détails de la fête d'Emma démontrent que sa fête n'était pas une fête de mariage ?

Organiser une fête de divorce vous fera du bien

Les fêtes de divorce sont devenues un phénomène à part entière. […]
Importé des États-Unis, le concept n'est pourtant pas nouveau. Dans certaines cultures, il existe des rituels traditionnels pour marquer la transition de la vie conjugale à la vie de célibataire. Dans le judaïsme, un acte de divorce appelé « guett » est présenté par le mari à sa femme pour dissoudre spirituellement l'union. Au Japon, les couples qui divorcent brisent une alliance avec un maillet. Enfin, chez les Beidanes, en Afrique du Nord, des fêtes de divorce sont organisées pour accueillir les nouvelles divorcées dans la communauté et signaler qu'elles sont disponibles pour se remarier. Par contre, dans la culture occidentale, le divorce se heurte généralement à un sentiment de honte ou à des regards compatissants, bien que cela commence à changer.
D'après Christine Gallagher, organisatrice de fêtes de divorce : « Nous devons reconnaître que le divorce est une bonne chose et qu'il s'agit souvent d'une étape positive. Ça ne veut pas dire que vous avez échoué ou que vous avez été rejeté. »
La thérapeute Amanda Major confirme que célébrer son divorce a bien une utilité : « Cela montre que vous êtes prêt à passer à l'étape suivante de votre vie et à parler ouvertement de ce qui s'est passé... et célébrer le fait que vous avez pris des mesures pour mettre fin à quelque chose qui ne fonctionnait pas pour vous. » […]
Emma Barua, maquilleuse de 28 ans, a organisé une grande fête avec une cinquantaine de personnes pour remercier les proches qui l'avaient accompagnée pendant sa rupture difficile. L'effervescence de la soirée faisait penser à une fête de mariage mais si l'on y regardait de plus près, la salle était ornée d'une piñata en forme de cœur noir et de cupcakes où il était écrit « nouvellement célibataire » et « fraîchement divorcée ». Emma n'envisage pas de se remarier car, pour elle, « le divorce est un long processus ! Je ne voudrais pas revivre ça. »

D'après Mathilda Hautbois, *www.slate.fr*

UNITÉ 3

LEÇON 2 • Question de génération

VOCABULAIRE

1 Trouvez les synonymes de ces adjectifs.

a. Strict(e)
b. Exigeant(e)
c. Tolérant(e)
d. Compréhensif(ve)
e. Conflictuel(le)
f. Distant(e)

1. Tendu(e)
2. Indulgent(e)
3. Sévère
4. Inabordable
5. Pointilleux(euse)
6. Bienveillant(e)

2 Reliez ces mots à leur définition.

a. Un point commun
b. Une punition
c. Un code social
d. L'indépendance
e. L'autorité parentale

1. L'autonomie
2. Une similitude que l'on partage
3. Les droits et devoirs des parents sur leurs enfants
4. Un langage, une attitude qui représente une communauté
5. Une mesure disciplinaire

GRAMMAIRE

3 Complétez les phrases avec le pronom COD ou COI qui convient.
Regardez le nom souligné : le pronom est utilisé pour ne pas répéter ce nom.

a. Je ne veux pas que <u>mon fils</u> passe trop de temps devant la console, je .... interdis les jeux vidéo le soir.

b. <u>Mes parents</u> sont stricts. Pour sortir le soir, je dois toujours .... demander l'autorisation.

c. <u>Je</u> laisse de l'indépendance à mon fils. Mais il doit .... prévenir quand il invite des amis à la maison.

d. <u>Ma fille</u> est passionnée de danse. Je .... soutiens dans sa passion : je .... offre souvent des places pour des spectacles de danse.

4 Complétez les accords des participes passés quand cela est nécessaire.

a. Ma mère est de la génération des baby-boomers. Elle a toujours adoré............ les Beatles. Elle est allé............ les voir en concert en 1969 ! Dans la cuisine, elle a accroché............ la photo qu'elle avait fait............ au concert !

b. Ma cousine est né............ en 1995. Elle joue toujours aux jeux vidéo qu'elle a connu............ dans son enfance, mais sur une meilleure console.

c. Mon frère et moi, nous avons grandi............ dans les années 90. Nous avons bien connu............ le monde sans Internet ni téléphone portable, mais ensuite, nous nous sommes bien habitué............ à les utiliser !

d. Karina et ses amies sont parti............ en voyage Erasmus en 2011. Elles y ont fait............ de belles rencontres, et toutes les photos de leur séjour sont posté............ sur les réseaux sociaux.

5 Comme dans l'exemple, transformez les phrases pour remplacer le nom souligné par un pronom, puis accordez les participes passés.
Attention, avec les pronoms, le COD passe parfois devant l'auxiliaire *avoir* !

Exemple : *Élodie apprécie les réseaux sociaux. Elle est de la génération X, elle a connu les réseaux sociaux à 25 ans.*
→ *Élodie apprécie les réseaux sociaux. Elle est de la génération X, elle **les** a connu**s** à 25 ans.*

a. Ma mère collectionne les photos de sa jeunesse. Elle a accroché ces photos au mur de sa cuisine.
→ ....

b. Ma cousine adore les jeux vidéo. Je suis plus âgée, j'ai découvert les jeux vidéo avec elle.
→ ....

c. Mon frère et moi avons écouté des cassettes dans notre walkman pendant toute notre adolescence. Nous avons gardé nos cassettes, mais nous n'avons jamais réécouté nos cassettes !
→ ....
....

d. Carla va souvent rendre visite à ses amis de l'Erasmus. Elle a vu ses amis le week-end dernier, elle avait écrit à ses amis par texto avant d'arriver. Elle a présenté à ses amis son petit-copain.
→ ....
....

COMPRÉHENSION ORALE

6 🔊 **13** Écoutez et répondez aux questions.

a. Comment fonctionne le programme « Vivre ensemble » ?
....

b. Quelle est la différence entre Laura et Madeleine ?
....

c. Que fait Laura pour aider Madeleine ?
....

d. Laura apprécie Madeleine.
    Vrai ☐   Faux ☐

PRODUCTION ÉCRITE

7 De quelle génération êtes-vous ? Comment vos premières utilisations des réseaux sociaux se sont passées ?
Qu'en pensez-vous aujourd'hui ?
Pour raconter vos premières expériences, utilisez les temps du passé.

....
....
....
....
....
....

PRODUCTION ORALE

8 Que pensez-vous de ces différentes affirmations ?

a. Les réseaux sociaux sont un atout pour les jeunes.
b. Les jeux vidéo rendent violents.
c. Les jeunes entre 20 et 30 ans font plus attention à leur alimentation que les générations précédentes.

UNITÉ 3

LEÇON 3 • Des amis pour toujours

VOCABULAIRE

1. Complétez les phrases avec ces expressions. Attention aux accords !

toxique(s) – tomber amoureux(se) – meilleur(e)(s) ami(e)(s) – (un) défaut – complice(s) – fidèle(s) – se fâcher.

a. Aurore et Frank se sont rencontrés au Panama. Ils sont .... dès le premier jour. Ils sont très .... et ils ont toujours été ....

b. Émilie .... avec Nicolas. Nicolas était un ami .... avec beaucoup de ....

c. France et Élodie sont .... depuis qu'elles ont 6 ans.

2. Retrouvez les qualités décrites.

la confiance – l'honnêteté – le partage – la fidélité

a. C'est le sentiment de pouvoir se fier à quelqu'un, c'est ....

b. C'est la capacité d'une personne à être loyale, c'est ....

c. C'est la capacité d'une personne à dire la vérité et à être franche, c'est ....

d. C'est le fait d'être généreux et prêteur avec ses amis, c'est ....

GRAMMAIRE

3. Écrivez ces propos au discours indirect.

a. La journaliste demande : « Est-ce qu'on peut tomber amoureux d'un ou d'une ami(e) ? »
....

b. Vincent affirme : « Tous mes amis sur les réseaux sociaux, ce sont de vrais amis ».
....

c. Julie conseille à Vincent : « Tu devrais inviter tes amis des réseaux sociaux à dîner chez toi ».
....

d. Sacha pense : « C'était génial de revoir mes amis d'enfance ! »
....

4. Lisez ces témoignages. Résumez-les en 2 phrases, en utilisant le discours indirect. Vous pouvez utiliser un autre vocabulaire que celui des personnes interviewées.

a. Témoignage de Clément :
« Je suis tombé amoureux de Marie tout de suite, quand je l'ai rencontrée. Mais, pendant plusieurs années, nous sommes restés simplement amis. J'ai attendu qu'elle se sépare de son compagnon pour lui avouer mon amour. Depuis, nous sommes ensemble, et heureux ! »

....
....
....

Unité 3 • Tant de choses à partager

b. Témoignage de Fatou :

« J'ai beaucoup déménagé, et je n'ai pas toujours réussi à garder le contact avec mes amis, même des amis très importants pour moi. J'aimerais bien les revoir, peut-être qu'on s'entendrait toujours aussi bien. Mais, est-ce que les vraies amitiés peuvent durer vraiment longtemps ? »

....
....
....
....

5 Comme dans l'exemple, mettez les verbes indiqués entre parenthèses à l'infinitif passé.
Exemple : *Après .... (devenir) ami avec Linda, Fadi est tombé amoureux d'elle.* → *Après être devenu ami avec Linda, Fadi est tombé amoureux d'elle.*

a. Avant d'.................... *(créer)* mon compte sur les réseaux sociaux, j'échangeais moins avec mes amis vivant loin.

b. Après .... *(inviter)* sa meilleure amie à un week-end romantique, Samir l'a demandée en mariage.

c. Avant d'.................... *(apprendre)* à mieux utiliser les réseaux sociaux, je montrais en ligne des photos ma vie personnelle.

d. J'ai compris que Fred et moi avions les mêmes goûts après .... *(aller)* voir un spectacle avec lui.

COMPRÉHENSION ÉCRITE

6 Lisez le texte et répondez aux questions.

Comment les enfants choisissent-ils leurs amis ?

[...]
Quel que soit leur âge, les enfants déclarent le plus souvent avoir des copains et des amis du même sexe qu'eux : c'est le cas de près de six filles sur dix (dans les écoles et centres périscolaires étudiés) et de sept garçons sur dix. La proportion, pour les deux sexes, augmente à 80 % en ce qui concerne leurs meilleurs amis. Plus surprenant, ils sont seulement 20 % à indiquer avoir des amitiés mixtes, c'est-à-dire à déclarer avoir un groupe de copains composé d'autant de camarades de l'autre sexe que du même, et seulement 10 % à avoir autant de meilleures amies que de meilleurs amis. [...]

Il est difficile de devenir (meilleur) copain d'un enfant quand on ne partage pas les mêmes goûts, les mêmes jeux et les mêmes activités. (...) Or, les garçons comme les filles s'accordent à dire que les autres « font des jeux trop nuls » qui ne sont « pas drôles », et « qu'on s'ennuie toujours [quand on est] avec eux, en plus ils nous embêtent ». [...] En jouant avec des plus petits ou des camarades de l'autre sexe, ils risquent non seulement d'être moqués, traités d'amoureux, « de vouloir faire leur grand » ou pire de « bébé cadum* »[...]

*bébé cadum : expression utilisée comme insulte chez les enfants pour traiter un autre enfant de bébé.

D'après Kevin Diter, www.psychologies.com

a. Les enfants choisissent un meilleur ami du même sexe.
Vrai ☐   Faux ☐

b. Pourquoi d'après le texte les filles et les garçons ne s'entendent pas bien ?
....

c. Les enfants se moquent des enfants qui jouent avec des plus petits qu'eux.
Vrai ☐   Faux ☐

UNITÉ 3

LEÇON 4 • Se retrouver et se séparer

VOCABULAIRE

1 Complétez les phrases suivantes avec ces expressions.

dommage – (une) dispute – (la) colère – furieux(se)

a. Je déteste les conflits. Je fuis quand il y a une ....

b. Il est soupe au lait, il peut vite devenir ....

c. C'est .... que tu ne puisses pas venir à mon anniversaire.

d. Quand je me mets en ...., je peux crier très fort.

COMPRÉHENSION ÉCRITE

2 Lisez ces résumés de romans, puis répondez aux questions.

Faire l'amour de Jean-Philippe Toussaint : une tendre rupture

Au début : Le narrateur* et Marie sont ensemble depuis 7 ans lorsqu'ils décident d'un commun accord de se séparer. Ils vivent leur dernière nuit d'amour dans un hôtel de luxe à Tokyo...

Le problème... est que les 2 personnages sont plutôt tristes (bien que déterminés) à l'idée de se quitter définitivement.

Et en fait : ils se croisent dans les rues de Tokyo... Puis dans *Fuir* et dans *La Vérité sur Marie* les 2 romans suivants.

- **Date de publication :** 2002
- **Probabilité que cette histoire arrive réellement :** 99% (d'ailleurs ça sent le vécu)
- **L'anecdote :** *La Vérité sur Marie*, 3ᵉ volet de cette histoire d'amour a obtenu le prix Décembre 2009.

*le narrateur : le personnage qui raconte l'histoire.

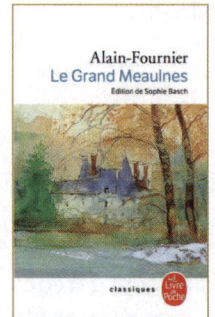

Le Grand Meaulnes d'Alain Fournier : l'amour comme un rêve

Au début : Augustin Meaulnes (surnommé Le Grand Meaulnes) est un adolescent et vit en Sologne. Un peu par hasard, en se promenant dans la campagne, il arrive jusqu'à un mystérieux château où une fête onirique* et irréelle est donnée. Il y rencontre Yvonne.

Le problème : une fois le bal passé, impossible de retrouver le domaine et donc Yvonne.

Finalement : c'est François, le meilleur ami d'Augustin qui retrouve la trace de la jeune fille...

- **Date de publication :** 1913
- **Probabilité que cette histoire arrive réellement :** 1%
- **L'anecdote :** *Le Grand Meaulnes* est l'unique roman d'Alain Fournier.

*onirique : qui évoque le rêve

a. Indiquez à quel roman correspondent ces affirmations.

	Faire l'amour, de Jean-François Toussaint	*Le Grand Meaulnes*, d'Alain Fournier
1. Ce roman décrit une première rencontre.		
2. Ce roman raconte l'histoire d'une séparation.		
3. L'histoire de ce roman se passe en France.		

b. À votre avis, quelle est la suite de l'histoire du *Grand Meaulnes* ? Et de *Faire l'amour* ?

c. Pensez-vous que l'histoire de *Faire l'amour* peut réellement avoir lieu dans 99 % des cas ? Pourquoi ?

d. Êtes-vous d'accord pour dire que l'histoire du *Grand Meaulnes* ne peut se réaliser que dans 1 % des cas ? Pourquoi ?

e. Lequel de ces deux romans voudriez-vous lire ? Pourquoi ?

f. Dans votre pays, quel est le roman ou l'histoire d'amour la plus connue ? Que raconte cette histoire ?

COMPRÉHENSION ORALE

3 🔊 **14 Écoutez et répondez aux questions.**

  a. Contre qui cette femme est-elle en colère ?

  b. Pour quelles raisons est-elle en colère ?

  c. Quel était le projet de cette femme ?

PRODUCTION ÉCRITE

4 **Vous écrivez un mail à la compagnie aérienne qui a annulé votre billet d'avion. Vous vous plaignez de cette annulation et des pratiques de cette compagnie aérienne. Vous expliquez pourquoi ce voyage était très important pour vous.**

PRODUCTION ORALE

5 **Que pensez-vous de ces différentes affirmations ?**

  a. Famille nombreuse, famille heureuse.
  b. Il faut laver son linge sale en famille.
  c. Les chiens ne font pas des chats.

Tant de choses à partager • Unité 3

BILAN GRAMMAIRE

1 Regardez la photo : Marie et Pierre ont fêté leurs 50 ans de mariage. Conjuguez les verbes entre parenthèses aux temps du passé (imparfait, passé composé, plus-que-parfait).
– *Pour les sentiments et les descriptions, utilisez l'imparfait.*
– *Pour les actions du moment sur la photo, utilisez le passé composé.*
– *Pour les actions avant le moment sur la photo, utilisez le plus-que-parfait.*

Attention aux accords des participes passés.

Hier, Marie et Pierre .... *(fêter)* leurs 50 ans de mariage. Pour la fête, ils ....

(inviter) toute leur famille, et leurs amis d'enfance. La fête .... bien ....

(se passer). Pierre et Marie .... *(faire)* un discours : ils .... *(raconter)*

leur mariage et leurs souvenirs. Quand ils .... *(être)* jeunes, ils .... *(se marier)*

dans leur village, et .... *(danser)* toute la nuit !

2 Complétez les accords des participes passés quand cela est nécessaire.

a. Toute la famille est venu............ à la fête.

b. Leurs petits-enfants leur ont offert............ des cadeaux.

c. La cousine Yvette est parti............ tôt de la fête. Elle s'était disputé............ avec son mari.

d. Les enfants de Marie et Pierre leur avaient préparé............ une surprise. Tout le monde l'a aimé............ .

3 Réécrivez le texte en utilisant des pronoms, pour éviter la répétition des noms, quand cela est possible. Attention aux accords des participes passés !

Marie et Pierre s'étaient rencontrés quand ils étaient jeunes, dans un bal. Marie était belle et souriante. Quand Pierre avait vu Marie, elle avait séduit Pierre. Il avait invité Marie à danser. Marie avait apprécié Pierre. Puis, Pierre avait proposé à Marie de se promener. Marie avait regardé Pierre. Pierre avait regardé Marie. Ensuite, il avait offert des fleurs à Marie. Elle avait aimé ces fleurs.

....
....
....
....
....

4 Écrivez ces propos au discours indirect.

a. Après la fête, Marie dit à Pierre : « J'ai adoré cette fête. Et toi, tu l'as appréciée aussi ? »

....

b. Sam, leur petit-fils, leur annonce : « Moi aussi, je vais me marier ! »

....

c. Marie lui demande : « Est-ce que tu vas nous présenter ton amoureuse avant le mariage ? »

....

d. Sam lui répond : « Non, ce sera une surprise ! Vous viendrez à mon mariage ? »

....

BILAN VOCABULAIRE

1 Complétez ce message avec les mots.
dommage – invitation – prévu – malheureusement – engagé

Bonjour Sasha,

Je te remercie pour ton .... mais .... , je ne pourrai pas venir.

Je m'excuse mais j'ai déjà quelque chose de .... J'avais juste oublié !

Samedi prochain, ma sœur déménage et je m'étais .... à l'aider.

C'est .... parce que j'aurais bien souhaité voir ta petite famille.

On s'appelle vite ?

Bonne journée !

2 Barrez l'intrus.
a. avant – jadis – prochainement – autrefois – il y a longtemps
b. bienveillant(e) – sévère – strict(e) – autoritaire – exigeant(e)
c. mécontent(e) – réjoui(e) – insatisfait(e) – navré(e)
d. veuf(ve) – célibataire – divorcé(e) – en couple

3 Complétez ces phrases.
a. Ava et moi, nous avons la même mère. Ava est ma ....
b. Romy et Sasha sont restés mariés pendant 3 ans. Ils ont divorcé l'année dernière. Sasha est l'.................................. de Romy.
c. Antoine a été adopté par Charles et Marie quand il était bébé. Charles et Marie sont ses ....
d. Ayoub et Adam sont copains depuis leur 5 ans. Ils sont meilleurs ....

4 Complétez le texte avec ces expressions.
amoureux(se) – se fâcher – un(e) ami(e) – (l') amour – (l') amitié – quitter – (la) complicité

Notre histoire d'.................................. a d'abord été une histoire d'.................................. . Nous nous sommes rencontrés enfants à l'école. Nous étions les meilleurs .... du monde jusqu'à l'université mais nous nous sommes .... car il ne supportait pas mon petit copain. Lorsque j'ai .... mon petit ami, notre .... me manquait. Alors, je l'ai rappelé et nous nous sommes réconciliés. J'ai compris que je l'aimais pour la vie et que j'étais finalement .... de lui.

ENTRAÎNEMENT AU DELF B1

COMPRÉHENSION ORALE

Mettez-vous dans les conditions de l'examen : entre la première et la deuxième écoute, vous avez 30 secondes de pause. Après la deuxième écoute, vous avez une minute pour vérifier vos réponses.

15 Écoutez le document, et répondez aux questions.

a. Mickaël et Élise se rappellent...
 1. de leur dernière rencontre.
 2. de leurs souvenirs d'enfance.
 3. de l'histoire de leurs grands-parents.

b. Qu'est-ce qu'Élise regrette pour ses enfants ?
 1. Leur manque de relations familiales.
 2. La distance géographique de leurs cousins.
 3. L'absence de vrais loisirs avec leurs parents.

c. Où Élise veut-elle inviter sa famille ?
 1. Chez ses grands-parents.
 2. Dans la maison de Mickaël.
 3. À une sortie dans un camping.

d. Que demande Mickaël à Élise ?
 1. De gérer l'organisation.
 2. D'attendre avant d'organiser.
 3. De réfléchir pour bien organiser.

e. Élise trouve que la femme de Mickaël...
 1. est toujours fatiguée.
 2. a une personnalité complexe.
 3. se comporte de manière impolie.

f. Qui préparera les repas ?
 1. Élise.
 2. Un spécialiste.
 3. Tout le monde.

COMPRÉHENSION ÉCRITE

Lisez le texte et répondez aux questions.

Jérôme sur les terres d'origine de sa famille

Né à Genève (Suisse), l'homme de 33 ans vient tout juste de rejoindre Cherbourg en Normandie, les terres d'origine de sa famille. Son grand-père, notamment, est né ici-même. « Il est parti vivre en Suisse juste après la Seconde guerre mondiale. »

Grâce aux récits de sa grand-mère sur la Seconde Guerre mondiale, Jérôme développe depuis tout jeune une grande passion pour cette période historique. […]

« Je suis venu en famille quand j'étais enfant. Mon père voulait me faire découvrir la région. Et j'ai aussi passé des vacances dans le coin, notamment pour profiter des plages du Débarquement. »

À l'aide de son oncle, en plus de découvrir la vie durant la Seconde Guerre mondiale, il découvre son passé familial. Sa curiosité éveillée, l'envie de quitter la Suisse commence à émerger petit à petit durant dix ans. […]

Cette longue réflexion aboutit finalement. « Je me suis dit qu'il fallait réaliser mon rêve, qu'il fallait essayer de venir ici. » […] Jérôme quitte donc Genève sans regret et avec beaucoup d'enthousiasme.

« Je le fais par amour de tout ce que me racontaient mes grands-parents, et de tout ce qu'ils m'ont transmis. Pour moi, il est important de connaître d'où on vient. »

[…]

Malgré les remarques un peu condescendantes de quelques-uns de ses amis suisses, du style « mais pourquoi pars-tu là-bas ? », le trentenaire est sûr de lui. […]

La vie cherbourgeoise lui plaît déjà. Le grand écart entre Genève et la cité portuaire a été parfaitement accepté. « Genève est une ville multiculturelle internationale qui vit à 100 à l'heure. Les gens sont complètement différents ici : ils sont moins stressés, disent bonjour dans la rue. Moi qui adore les rapports humains, je trouve que Cherbourg est bien plus agréable. À Genève, les échanges sont tout de même très limités. Tout est plus cher là-bas en plus, et à Cherbourg, il y a la mer ! »

D'après Thibaud Delafosse
https://actu.fr/la-presse-de-la-manche/

a. Le grand-père de Jérôme a vécu toute sa vie à Cherbourg.
 Vrai ☐   Faux ☐

b. Jérôme est passionné par la Première Guerre mondiale.
 Vrai ☐   Faux ☐

c. Jérôme ne connaissait pas la Normandie avant d'y emménager.
 Vrai ☐   Faux ☐

d. Jérôme a décidé de vivre en Normandie ...
 1. sur un coup de tête. ☐
 2. après une déception amoureuse. ☐
 3. après avoir réfléchi longtemps. ☐

e. Jérôme ...
 1. regrette la vie à Genève. ☐
 2. est satisfait de sa vie à Cherbourg. ☐
 3. trouve que les gens à Cherbourg ne sont pas accueillants. ☐

PRODUCTION ÉCRITE

Vous recevez ce mail de votre amie Lisa et vous lui répondez. Vous lui donnez votre opinion et des conseils. (160 mots minimum)

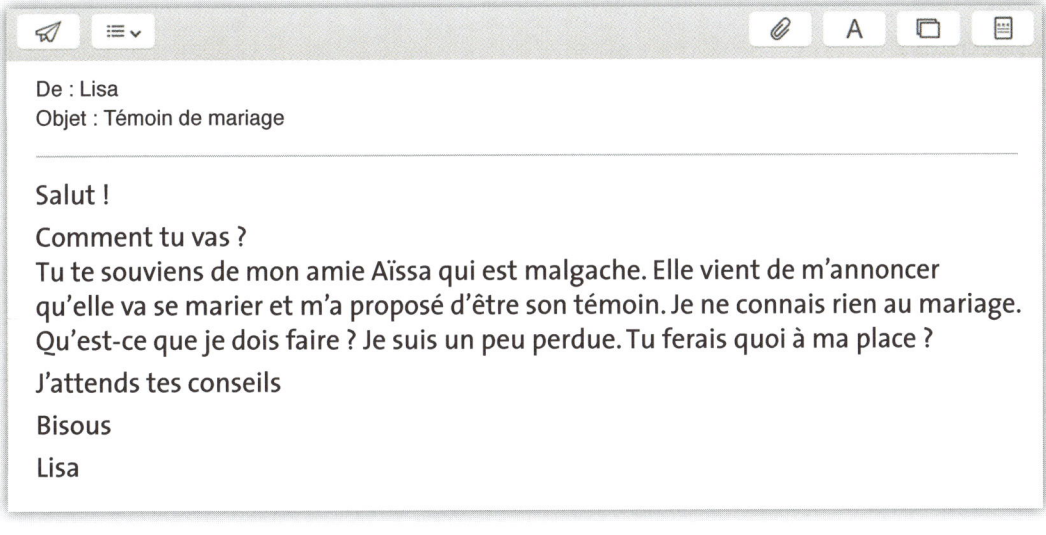

De : Lisa
Objet : Témoin de mariage

Salut !

Comment tu vas ?

Tu te souviens de mon amie Aïssa qui est malgache. Elle vient de m'annoncer qu'elle va se marier et m'a proposé d'être son témoin. Je ne connais rien au mariage. Qu'est-ce que je dois faire ? Je suis un peu perdue. Tu ferais quoi à ma place ?

J'attends tes conseils

Bisous

Lisa

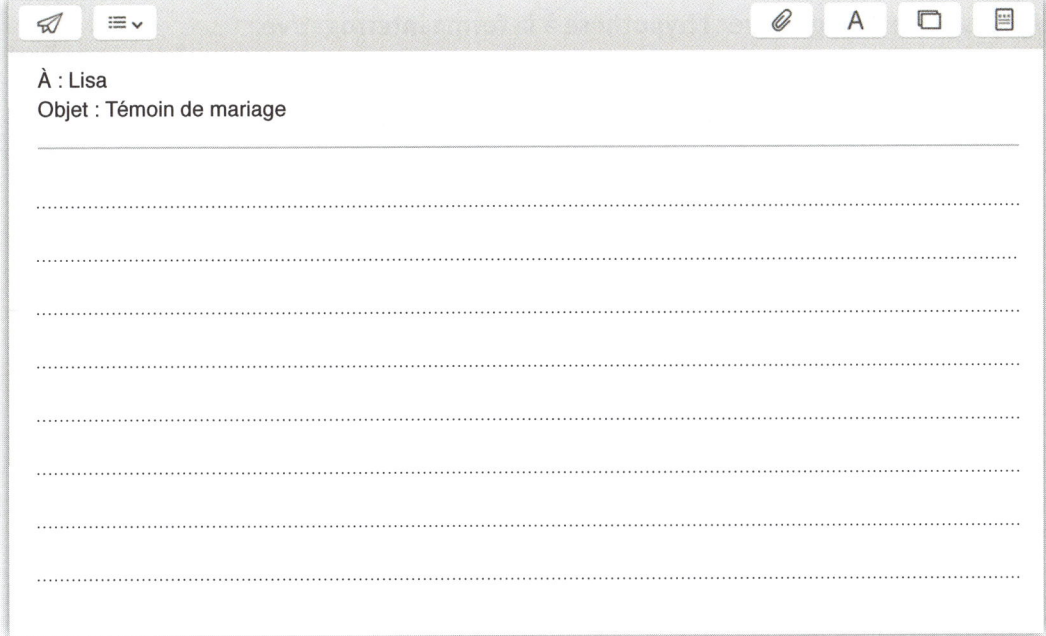

À : Lisa
Objet : Témoin de mariage

PRODUCTION ORALE

- **EXERCICE EN INTERACTION**

    Vous voulez organiser une fête surprise pour l'anniversaire de votre frère. Vous en parlez avec un ami français à lui. Vous lui proposez d'organiser ensemble cette fête. Il pense que la fête surprise n'est pas une bonne idée. Vous tentez de le convaincre.

    Le professeur joue le rôle de l'ami de votre frère.

UNITÉ 4 — Les clés du bonheur

LEÇON 1 • Fait maison

VOCABULAIRE

1 **Quelles sont les professions décrites ?**

a. Il/elle s'occupe de tout ce qui est en lien avec l'électricité : les prises électriques, les interrupteurs ou le compteur électrique. C'est ....

b. Il/elle s'occupe de tout ce qui est autour de l'eau : la douche, les toilettes, les éviers, les tuyaux... C'est ....

c. Il/elle s'occupe des espaces verts : les arbres, les arbustes, les fleurs et le design des espaces verts. C'est ....

d. Il/elle s'occupe de peindre ou repeindre les pièces ou les façades. C'est ....

GRAMMAIRE

2 **Réécrivez les phrases soulignées de ce dialogue avec l'hypothèse à la forme interrogative.**

Exemple : *Katia* : Bon, on doit faire plein de bricolage dans la maison. <u>Tu vas d'abord déboucher l'évier, puis nettoyer toute la salle de bain !</u> → Si tu débouchais d'abord l'évier, et si tu nettoyais toute la salle de bain ?

Gauthier : Je fais ça tout seul ? <u>J'aimerais faire tout ça avec toi... Et aussi, tu vas t'occuper du jardin.</u>
....

Katia : Oh, je déteste le jardinage ! Bon, <u>je te propose que je m'occupe de la salle de bain, et tu fais le jardin</u>. C'est bon comme ça ?
....

Gauthier : Ok. <u>Mais ensuite, pour se reposer, on sort dîner au restaurant, et on va au cinéma.</u>
....

Katia : Encore au restaurant ? <u>J'aimerais mieux manger ici, et regarder un film chez nous, tranquillement.</u>
....

Gauthier : Bon, <u>on commence d'abord nos travaux</u> ! On verra le planning du repos ensuite !
....

COMPRÉHENSION ORALE

3 🔊 **16** **Écoutez et répondez aux questions.**

a. Amélie souhaite construire une maison.
   Vrai ☐   Faux ☐

b. Quels professionnels devront intervenir durant les travaux ?
....

c. Quelles tâches Amélie souhaite-t-elle effectuer elle-même ?
....

COMPRÉHENSION ÉCRITE

4 Lisez cette infographie et répondez aux questions.

a. Beaucoup de Françaises sont bricoleuses.
   Vrai ☐   Faux ☐

b. Les Français qui bricolent sont en majorité peu expérimentés.
   Vrai ☐   Faux ☐

c. Pourquoi les Françaises et les Français aiment bricoler ?

....
....
....

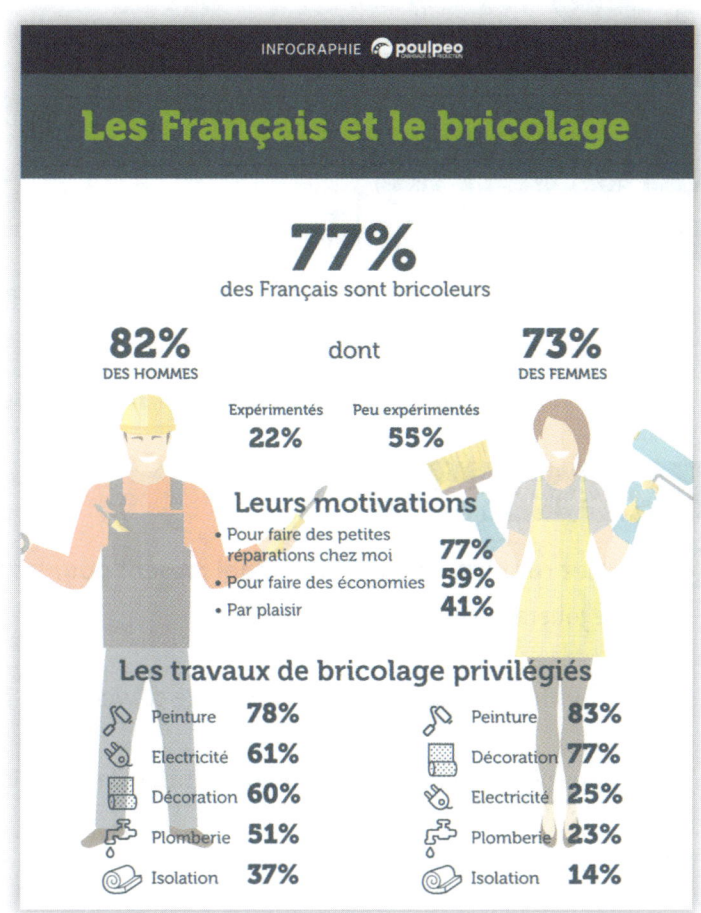

PRODUCTION ÉCRITE

5 Un ami a rénové sa maison et il veut jeter tous ses anciens meubles. Vous lui écrivez pour lui donner des conseils pour rénover ses anciens meubles, les surcycler. Vous lui proposez de l'aide pour faire tout cela.

....
....
....
....
....
....
....
....

PRODUCTION ORALE

6 Répondez aux questions.

a. Regardez-vous les émissions de télévision spécialisées dans la rénovation de maison ou le bricolage ?
b. Dans votre pays, les gens sont-ils bricoleurs ?
c. Dans votre pays, les gens aiment-ils jardiner ?

Les clés du bonheur • Unité 4

UNITÉ 4

LEÇON 2 • Mon art de vivre

VOCABULAIRE

1 Complétez cette règle du jeu.

Placez votre p — — n sur la case d — — — — t qui est en haut à gauche du p — — — — — u.

Si vous tombez sur une case « chance », tirez une c — — — e.

Si vous tombez sur une case « malchance », retournez sur la case d — — — — t.

GRAMMAIRE

2 Mettez ces phrases au conditionnel présent pour les transformer en expression du souhait.

a. Je jouerai aux jeux vidéo avec plaisir.

....

b. Nous ferons une soirée jeux de société ce week-end ?

....

c. Vous pourrez participer à une compétition de jeux vidéo ?

....

d. Il ira avec plaisir à un stage de yoga.

....

e. Mes amies voudront se relaxer aujourd'hui.

....

3 Conjuguez les verbes entre parenthèses au conditionnel.

a. Tu .... (vouloir) bien jouer avec moi à l'awalé ?

b. J' .... (aimer) bien apprendre le jamil !

c. Vous .... (souhaiter) participer à mon cours de yoga ?

d. Ce .... (être) super d'aller voir Kayane en compétition !

e. Ça te .... (faire) plaisir de faire une partie de Scrabble ?

PHONÉTIQUE

4 Tronquez ces mots.

a. Un tutoriel → ....

b. La faculté → ....

c. La randonnée → ....

d. Un ordinateur → ....

5 🔊 17 Écoutez ces phrases avec des mots tronqués et complétez-les avec les mots non tronqués.

a. J'aime faire de la ....

b. Je vais participer à une .... de jeux vidéo.

c. Il n'est pas devenu ...., mais il joue très bien.

d. Tu joues encore sur ton téléphone ? Tu ne voudrais pas utiliser ton .... ?

e. Je partirais bien faire une .... ce week-end !

Unité 4 • Les clés du bonheur

COMPRÉHENSION ORALE

6 🔊 18 **Écoutez et répondez aux questions.**

a. Christophe André s'interroge sur la place de la méditation en 2030.
   Vrai ☐   Faux ☐

b. Christophe André aimerait ...
   1. qu'on parle plus de la méditation et qu'on en fasse moins. ☐
   2. qu'on parle moins de la méditation et qu'on en fasse plus. ☐

c. Pour lui, les humains doivent faire ...
   1. des progrès psychologiques. ☐
   2. des progrès technologiques. ☐

COMPRÉHENSION ÉCRITE

7 **Lisez le texte et répondez aux questions.**

a. Comment Betsy Parayil-Pezard a-t-elle commencé la méditation ?

....
....

b. Citez 4 bienfaits de la méditation indiqués par Betsy Parayil-Pezard.

....
....
....
....

Se mettre en douceur à la méditation

Aujourd'hui, nous allons parler méditation avec Betsy Parayil-Pezard, auteure de *Réveiller sa vie par la méditation de pleine conscience* et voix pour l'application Petit Bambou. (…)

Comment est-ce que vous vous êtes mise à la méditation ?

J'ai appris à méditer il y a 15 ans grâce à une association qui organisait des sessions de pratique zen, j'étais très curieuse de la pratique de la méditation zen à cette époque. (…)

Quels sont les principaux bienfaits de la méditation ? Ce que tu as pu ressentir chez toi et chez les autres ?

(…)
Le premier bénéfice est que cela réduit notre niveau de stress. Le stress est quelque chose avec lequel nous faisons souvent face dans notre travail, dans notre vie personnelle, l'idée est de trouver quelque chose qui puisse nous soulager. La méditation peut aussi augmenter notre capacité à nous concentrer, car nous sommes souvent très distraits. Cela augmente également nos capacités de mémoire et nous permet un meilleur équilibre émotionnel. (…)

D'après *Marie Claire*, publié le 30/06/2021

PRODUCTION ÉCRITE

8 **Vous invitez un(e) ami(e) à une soirée jeux chez vous. Écrivez votre message pour lui proposer de venir jouer chez vous, et expliquez-lui le fonctionnement de vos jeux (jeux de société et/ou jeux vidéo).**

....
....
....
....
....
....

PRODUCTION ORALE

9 **Répondez aux questions.**

a. Quels sont les jeux les plus traditionnels dans votre pays ?
b. Êtes-vous joueur(euse) ? Bon(ne) ou mauvais(e) joueur(euse) ?
c. Jouez-vous aux jeux vidéo ? Lesquels ?

Les clés du bonheur • Unité 4

UNITÉ 4

LEÇON 3 • Action !

Vocabulaire

1 Reliez chaque sport à l'image qui correspond.

a. L'équitation
b. Le surf
c. La voile
d. La plongée
e. Le lancer de poids

Grammaire

2 Conjuguez les verbes entre parenthèses au subjonctif.

a. Il faut qu'Alice .... (*apprendre*) à faire du sport.
b. Pour réussir son exploit, il faut qu'Yves .... (*s'entraîner*).
c. Dans cette course, il faut que les participants .... (*courir*) dans l'eau.
d. Il faut que je .... (*s'inscrire*) à un séjour sportif.
e. Tu t'es bien entraîné. Maintenant, il faut que tu .... (*faire*) une compétition.
f. Pour nous préparer, il faut que nous .... (*aller*) souvent à la piscine.

3 Vous êtes guide de montagne. Complétez ces phrases pour expliquer comment faire une randonnée dans les Alpes suisses.

a. Il faut que nous ....
b. Il faut que vous ....
c. Il faut que les randonneurs ....
d. Il faut que je ....

Compréhension orale

4 🔊 19 Écoutez et répondez aux questions.

a. Quelle est la profession de Naomi ?

b. Naomi a commencé à skier à l'école de ski.
Vrai ☐   Faux ☐

c. Qu'est-ce qu'elle apprécie dans son métier ?

Unité 4 • Les clés du bonheur

COMPRÉHENSION ÉCRITE

BIENVENUE AU CLUB VOSGIEN

Créé en 1872, reconnu d'utilité publique en 1879, le Club Vosgien c'est **128 associations** dans le massif des Vosges pour pratiquer la **randonnée, la marche nordique, la marche d'orientation** et d'autres activités de pleine nature.

Le Club Vosgien c'est de nombreux bénévoles qui œuvrent au **balisage** et à l'entretien de plus de 20 000 km de **sentiers**, qui gèrent **des chalets, refuges et abris** pour les randonneurs dans le respect de la protection de la nature et des paysages.

Pour organiser vos randonnées, le Club Vosgien édite des **guides et des cartes de randonnée**.

Notre devise : 1 jour de sentier, 8 jours de santé

5 Lisez ce texte et répondez aux questions.

a. Quelles sont les activités sportives que propose le Club Vosgien ?
....
....

b. Les membres du Club Vosgien s'occupent des chemins de randonnée ainsi que des refuges.
Vrai ☐   Faux ☐

c. Que signifie la devise du Club Vosgien ?
1. 1 jour de marche vous permet de ne pas aller chez le médecin. ☐
2. 1 jour de marche améliore votre santé. ☐

PRODUCTION ÉCRITE

6 Vous recevez ce message d'un ami très sportif. Vous n'êtes pas d'accord, et vous refusez son invitation. Expliquez pourquoi vous refusez et demandez-lui de ne plus vous faire ce type de proposition.

De : ben@mail.ch
Objet : Super course extrême !

Salut !
Dans deux semaines, il y aura une course extrême organisée dans les Alpes. Ça va être génial : 24 heures de course, sans pause, avec 3 cols à passer ! Et c'est par équipes de 2. Ça demande un bon entraînement, je suis sûr qu'on peut réussir. Mais il faut que tu viennes t'entraîner avec moi chaque jour d'ici là.

Ok ? Rendez-vous demain à 6 heures chez moi pour le premier entraînement !

Benjamin

À : ben@mail.ch
Objet : Super course extrême !

PRODUCTION ORALE

7 Répondez aux questions.

a. Aimez-vous et pratiquez-vous des sports extrêmes ?
b. Dans votre pays, quels sports extrêmes peut-on pratiquer ?
c. Quel sport extrême vous effraie le plus ?

Les clés du bonheur • Unité 4

UNITÉ 4

LEÇON 4 • C'est pour vous ?

VOCABULAIRE

1 Vous avez essayé un nouveau cours de yoga qui ne vous plaît pas. Complétez les phrases pour exprimer votre mécontentement.

a. Je regrette ....

b. Je ne suis pas satisfait(e) ....

c. Je ne comprends pas ....

d. C'est inadmissible ....

e. Comment cela se fait-il que ....

COMPRÉHENSION ÉCRITE

2 Lisez ce texte et répondez aux questions.

DU SPORT CONVIVIAL !

Le jeudi 10 octobre, de 16 h à minuit, le campus bordelais se met au sport. L'Open Campus Sport [...] propose un rendez-vous destiné à toutes et tous.
[...] Ce rendez-vous est destiné à promouvoir la pratique du sport à l'université de façon conviviale, ludique et gratuite. Cet événement peut permettre aux nouvelles et nouveaux arrivants de se rencontrer à travers des activités sportives, quel que soit le niveau de pratique. [...] Pour ne pas empêcher qui que ce soit de rater la pause déjeuner pour participer à un tournoi de pétanque, l'événement se déroulera de la fin d'après-midi jusqu'à minuit.
Le programme s'annonce copieux*. Du côté des activités sportives, du basket [...] ; du rugby ; du beach volley ; du football [...] ; un mur d'escalade ; de la pétanque ; du mölky** ; de la danse ; du BMX ; une initiation au boomerang. Et parce qu'il est essentiel de se reposer entre chaque activité, bars et food-trucks seront au rendez-vous.
Pour encadrer le tout, des intervenants seront présents pour toutes les activités : professeurs de sport des universités, sportifs de haut niveau [...] ainsi que des sportifs locaux [...]. Ils proposeront des initiations et des démonstrations tout en s'assurant du bon déroulement des festivités.
Ce n'est pas tout ! Musiciens et DJs s'occuperont de l'ambiance toute la soirée durant. Enfin, la manifestation n'est pas réservée aux étudiants, tout le monde y est bienvenu. [...]

Campus, octobre 2019

*copieux = abondant, riche
**le mölky = un jeu en bois de lancer finlandais

a. Quels sont les objectifs de cette journée ?

Objectif 1 : ....

Objectif 2 : ....

b. Les activités prévues seront uniquement sportives.

Vrai ☐   Faux ☐

c. Qui sera présent pendant cette journée ?

....

d. Qui peut participer à cette journée ?

....

e. Pendant cette journée, quelles activités vous intéresseraient ?

....

COMPRÉHENSION ORALE

3 🔊 20 Écoutez et répondez aux questions.

a. La jeune femme a toujours été sportive.
   Vrai ☐   Faux ☐

b. Qu'est-ce qu'elle apprécie dans la breakdance ?
   ....
   ....
   ....

c. Où fait-elle de la breakdance ?
   1. Dans une salle de sport ☐   2. Dans différents lieux ☐

d. Pourquoi elle et son groupe s'entraînent plusieurs heures par jour ?
   ....
   ....
   ....

PRODUCTION ÉCRITE

4 Vous avez participé à un stage de gymnastique qui était présenté comme très relaxant et facile pour les débutants. Mais c'était un cours stressant, difficile, très désagréable. Vous écrivez à l'association organisant ces stages, et vous demandez à être remboursé(e).

....
....
....
....
....
....
....
....

PRODUCTION ORALE

5 Répondez aux questions.

a. Êtes-vous sportif(ve) ?
b. Quels sont les sports traditionnels dans votre pays ?
c. Pour quel sport votre ville est-elle réputée ?

BILAN GRAMMAIRE

1 Conjuguez les verbes entre parenthèses au conditionnel.

a. Vous .... (*souhaiter*) apprendre à rénover vos objets ?

b. Nous .... (*aimer*) bien faire du bricolage plus souvent !

c. Tu .... (*vouloir*) venir avec moi au cours de boxe ?

d. Ce .... (*être*) bien de créer un beau jardin chez toi.

2 Comme dans l'exemple, écrivez la phrase de réponse. Utilisez l'hypothèse à l'imparfait (*si + imparfait*), et les expressions avec les verbes suivants au conditionnel.

vouloir – souhaiter – pouvoir – être génial / super / intéressant /…. – faire plaisir de…

Exemple : – *Je m'ennuie…*
→ Tu pourrais faire du bricolage ! / Si on faisait une activité ensemble ? / Ça te ferait plaisir de faire du bricolage ?

a. Je ne sais pas quoi faire….
→ ....

b. Qu'est-ce que je pourrais faire ce week-end ?
→ ....

c. Quelle activité serait bien pour moi ?
→ ....

d. Je suis stressé, quel sport je pourrais faire ?
→ ....

e. Beaucoup de choses dans ma maison devraient être réparées….
→ ....

3 Conjuguez les verbes entre parenthèses au subjonctif.

a. Il faut qu'on .... (*faire*) une soirée jeux de société !

b. Pendant cette compétition de jeux vidéo, il fallait que tu .... (*être*) plus concentré(e).

c. Pour bien bricoler, il faudra que nous .... (*suivre*) un tutoriel.

d. Il faudrait que j' .... (*avoir*) cette application de sport pour me muscler.

4 Faites 6 phrases avec *falloir que + subjonctif* pour répondre à ce message.

> Je vais participer à un trek extrême : c'est une randonnée en montagne, mais pendant 12 heures, sans pause.
> Qu'est-ce qu'il faudrait que je fasse pour m'entraîner ?
> Qu'est-ce qu'il faudra que je fasse pendant la randonnée ?

– ....
– ....
– ....
– ....
– ....

Unité 4 • Les clés du bonheur

BILAN VOCABULAIRE

1 Reliez ces activités à leur symbole.

b. Le bricolage

d. Le sport

a. Le ménage

c. Le jardinage

2 Quels sont les sports décrits ?

a. On apprend à monter sur un cheval ou un poney.

C'est ....

b. C'est un sport qui unit méditation et gymnastique, originaire d'Inde.

C'est ....

c. On marche dans un milieu naturel seul ou en groupe.

C'est ....

d. C'est un sport de combat où l'on utilise les poings et parfois les jambes.

C'est ....

3 Complétez le texte avec les expressions suivantes.

(une) posture (x2) – tonifier – respirer – (un) éveil spirituel – (un) tapis – (le) mal de dos

Au début de la séance de yoga, on installe nos .... et on s'assoit en commençant

à .... plus profondément. Après cela, notre professeur nous montre les ....

à enchaîner. Les .... nous aident à .... nos muscles

et soulagent le .... Le yoga, en plus de faire travailler la respiration et les muscles,

offre un véritable ....

4 Reliez les deux parties pour former une phrase.

a. Je regrette ...
b. Je ne suis pas satisfait ...
c. Comment cela se fait-il ...
d. Passez-moi le responsable ...

1. que vous soyez si mécontente ?
2. pour trouver une solution.
3. que vous ne soyez pas heureux.
4. de mon cours de boxe.

Les clés du bonheur • Unité 4

ENTRAÎNEMENT AU DELF B1

COMPRÉHENSION ORALE

Mettez-vous dans les conditions de l'examen : entre la première et la deuxième écoute, vous avez 30 secondes de pause. Après la deuxième écoute, vous avez une minute pour vérifier vos réponses.

🔊 21 **Écoutez le document et répondez aux questions.**

a. Que fait Monique avec les objets qu'il y a chez elle ?

....

b. Où est-ce que Monique achète les objets pour sa maison ?

....

c. Pour Monique, les objets neufs sont...
   1. polluants. ☐
   2. démodés. ☐
   3. peu pratiques. ☐

d. Dans le pays d'origine de Monique, quelle est la situation avec les objets ?

....

e. Comment Monique a-t-elle appris à rénover des objets ?
   1. Dans son pays d'origine. ☐
   2. Grâce à des formations en ligne. ☐
   3. Avec une amie professionnelle. ☐

f. Quel est le projet de Monique ?
   1. Partager ses connaissances. ☐
   2. Créer un cours de bricolage. ☐
   3. Organiser du surclycage entre amis. ☐

COMPRÉHENSION ÉCRITE

Lisez ce texte et répondez aux questions.

« TTMC ? » : un jeu de société lyonnais qui cartonne

« Vin populaire au Maghreb : suis-je le Sissi Brahim, le Sidi Brahim ou le Sidi Abdel-Karim ? », demande l'une des joueuses à l'ensemble des participants, attablés dans un espace de coworking, yeux rivés sur le plateau de jeu de société « TTMC ». Le concept de « Tu te mets combien ? », inventé par des amis lyonnais, est simple : répondre à un maximum de questions de culture générale pour faire avancer ses pions, le plus rapidement possible, jusqu'à la dernière case du plateau. (…)

La recette est classique. L'engouement* pour le jeu, vif. Cette année, il s'est écoulé à des centaines de milliers d'exemplaires partout en France, au grand étonnement de ses créateurs : « On est les premiers surpris du succès autour du jeu. On en est aujourd'hui à 200 000 boîtes vendues en France. On a démarché des pays comme la Belgique, le Québec et on est en expansion pour le distribuer prochainement dans des pays non-francophones», raconte Maurice Mura, co-auteur du jeu.

(…) « C'est devenu notre métier et c'est très bien », se réjouit l'un de ses co-auteurs Florent Boiton, « mais on n'est pas des sur-ambitieux. On se donne les moyens de faire plein de choses et de développer à fond le jeu, notamment dans d'autres langues. Mais de là à devenir le géant mondial, c'est pas du tout l'idée de base. »

Après le marché italien, allemand et américain, les compères préparent pour 2022 une nouvelle version de « TTMC » destinée aux personnes malvoyantes.

*l'engouement = l'enthousiasme

Émilie BERAUD, *France Info*, publié le 21/10/2021

a. TTMC est un jeu de société français.
   Vrai ☐   Faux ☐
b. TTMC est un jeu de ...
   1. culture. ☐
   2. stratégie. ☐
   3. argent. ☐
   4. hasard. ☐
c. Pour gagner, il faut ...
   1. gagner des cartes. ☐
   2. répondre à des questions. ☐
   3. gagner des pions. ☐
d. Les co-auteurs de TTMC étaient sûrs du succès du jeu.
   Vrai ☐   Faux ☐
e. Quel est le prochain projet des co-auteurs de TTMC ?

....
....

PRODUCTION ÉCRITE

Vous avez acheté le nouveau jeu de société « Meilleur joueur ». Vous êtes très déçu(e) par ce jeu dont vous ne comprenez pas les règles et qui n'est pas adapté à toute la famille. Vous écrivez une lettre à la société du jeu « Meilleur joueur » pour expliquer votre expérience et demander un remboursement. (Minimum 140 mots)

....
....
....
....
....
....
....
....

PRODUCTION ORALE

- **ENTRETIEN DIRIGÉ**

   Répondez à ces questions pour parler de vous, de vos activités et de vos loisirs.
   Mettez-vous dans les conditions de l'examen : vous répondez aux questions de l'examinateur sans préparation.

   a. Présentez-vous : Quels sont vos loisirs préférés ?
   b. Faites-vous du sport ? Pouvez-vous nous raconter votre dernière activité sportive ?
   c. Jouez-vous aux jeux vidéo ou aux jeux de société ? Pouvez-vous nous expliquer l'un de vos jeux préférés ? Comment y joue-t-on ? Que faut-il faire pour y jouer ?

UNITÉ 5 — Le courage de rêver

LEÇON 1 • Sur les bancs de la fac

VOCABULAIRE

1 **Complétez le texte suivant avec ces expressions.**

(un) restaurant universitaire – (un) campus – (une) bibliothèque universitaire – (un) cours magistral – (des) travaux dirigés – (des) partiels – (un) amphithéâtre – réviser – (un) semestre.

« Bienvenue à tous les étudiants de première année ! Je m'appelle Aïda et je serai votre guide pour votre pré-rentrée. C'est votre premier jour en tant qu'étudiant de l'université de Montréal. Le premier ………………………… commence la semaine prochaine et se termine en décembre. Le 15 décembre commenceront vos ………………………… . Nous allons visiter le ………………………… qui vous verrez est très grand. Il y a 40 bâtiments différents, 11 ………………………… dans lesquelles vous pourrez emprunter des ouvrages et ………………………… pour vos examens et 9 ………………………… pour vous restaurer. Dans chaque bâtiment, vous trouverez des salles de classe dans lesquelles auront lieu vos ………………………… et des ………………………… dans lesquels auront lieu vos ………………………… . »

GRAMMAIRE

2 **Comme dans l'exemple, transformez ces phrases simples.**

A. Utilisez une mise en relief pour insister sur les noms en gras.
Exemple : *Les partiels d'histoire stressent Clément.* → <u>Ce sont les partiels d'histoire qui</u> stressent Clément.

a. **L'université de Liège** est très agréable ! Je te la conseille.
……………………………………………………………………………………………

b. **Clément** triche très souvent, pas moi !
……………………………………………………………………………………………

B. Utilisez une mise en relief pour insister sur les verbes en gras.
Exemple : *Les TD **me plaisent** beaucoup.* → <u>Ce qui me plaît beaucoup, ce sont</u> les TD.

a. **Je te conseille** l'université de Liège. Elle est très agréable !
……………………………………………………………………………………………

b. Ça **ne me plaît pas** que Clément copie sur moi pendant les partiels.
……………………………………………………………………………………………

3 **Transformez ces phrases simples. Utilisez une mise en relief pour insister sur les mots en gras. Attention, regardez bien si le mot est un nom ou un verbe !**

a. La chimie **me plaît**.
……………………………………………………………………………………………

b. **Avec mon vélo**, je me déplace sur le campus, d'un bâtiment de l'université à un autre !
……………………………………………………………………………………………

c. **À la bibliothèque universitaire**, il y a ce soir une rencontre avec mon auteur préféré !
……………………………………………………………………………………………

d. Dans les cours en amphithéâtre, **je trouve dommage** que les étudiants ne posent pas de questions au professeur.
……………………………………………………………………………………………

PHONÉTIQUE

4 🔊 22 Écoutez ce texte. Comme dans l'exemple, indiquez si le son « s » du mot *plus* doit s'entendre ou non. Puis lisez ce texte à voix haute.

Exemple : *Ce qui me plaisait le plus, c'étaient les ateliers théâtre. Malheureusement, je n'ai plus le temps d'y participer.*

À l'université, Benjamin suit plus de cours que moi, et il doit passer plus de temps à la bibliothèque. Alors, il n'est plus jamais disponible ! Il n'a plus de temps libre, et, en plus, il a un job étudiant le week-end ! Ça lui plaît, mais je ne peux plus le voir comme avant. Ce qui m'ennuie, c'est qu'il me manque de plus en plus !

COMPRÉHENSION ORALE

5 🔊 23 Écoutez et répondez aux questions.

a. Le Canada était le premier choix de Paul.
   Vrai ☐   Faux ☐

b. Quel est le conseil que donne Paul ?
   ....

c. Comment sont organisés les cours à Montréal ?
   ....

COMPRÉHENSION ÉCRITE

6 Lisez le texte et répondez aux questions.

Se filmer en train de réviser, une mode née en Corée du Sud

Savez-vous ce qu'est un « gongbang » ? C'est une vidéo d'un étudiant qui révise, publiée ou diffusée en direct sur YouTube. « *Je sais que ça va aider des personnes à se sentir moins seules et, moi aussi, lorsque j'ai du mal à réviser, je mets une vidéo "gongbang" ou une vidéo "study with me" pour me motiver à réviser* », raconte Grégoire. En Corée du Sud, d'où vient la tendance, « gongbang » signifie « émission d'étude ». Cette vidéo dure 7 heures 50, il ne se passe rien d'autre que cet étudiant coréen en train de travailler un cours de compta, avec en fond des bruits (…). Diffusée en direct sur le réseau social, cette vidéo fait quelques 3000 vues quand d'autres dépassent les centaines de milliers, voire le million de vues.

S'entraider et se motiver

Populaire en Corée du Sud (…), le « gongbang » est désormais réalisé partout dans le monde par des étudiants. « *Je pense que justement, on se sent moins seul quand on révise et ça motive d'être avec quelqu'un* », explique Eva Travel.

D'après France Info : https://www.francetvinfo.fr

a. Expliquez ce que signifie le « gongbang ».
   ....

b. Quels sont les avantages de cette pratique ?
   ....

c. Pourriez-vous devenir adepte de cette pratique ? Pourquoi ?
   ....

PRODUCTION ORALE

7 Répondez aux questions.

a. Pensez-vous qu'il est préférable de vivre en cité universitaire durant ses études ?

b. Est-il important de faire de longues études ?

c. Êtes-vous un(e) étudiant(e) studieux/se ?

Le courage de rêver • Unité 5

UNITÉ 5

LEÇON 2 · Ce job est pour moi

VOCABULAIRE

1 **Reliez ces expressions à leur définition.**

a. Le chômage
b. Des débouchés
c. L'alternance
d. Un temps partiel

1. Ce sont les perspectives qu'offrent des études ou un métier.
2. C'est un travail dont la durée ne correspond pas à un temps plein.
3. C'est la période durant laquelle on est à la recherche d'un emploi.
4. C'est un système de formation qui associe un enseignement avec une pratique professionnelle.

2 **Reliez ces professions à leur secteur.**

Professions
a. Un(e) webdesigner
b. Un(e) conseiller(ère) fiscal(e)
c. Un(e) responsable des ventes
d. Un(e) attaché(e) de presse

Secteurs
1. Le marketing
2. Le numérique
3. La communication
4. La finance

GRAMMAIRE

3 **Dans ces phrases au passé, rajoutez l'adverbe indiqué entre parenthèses.**

a. J'avais envoyé des candidatures dans cette entreprise *(souvent)* mais elle ne m'a jamais contacté(e) ... *(malheureusement)*

....

b. Pendant l'entretien d'embauche, j'ai interrogé le candidat sur son intérêt pour ce poste *(beaucoup)*. Mais il n'a pas montré sa motivation *(absolument)*.

....

c. J'ai réussi cet entretien d'embauche *(bien)* ! Pourtant, je ne l'avais pas préparé *(vraiment)* !

....

4 **Mettez ces phrases aux temps du passé (passé composé ou plus-que-parfait). Attention à la place des adverbes !**

a. Cet après-midi, je viens rapidement te voir. Avant, je dois vraiment écrire ma lettre de motivation.

....

b. Bravo ! Tu écris parfaitement ta lettre de motivation !

....

c. Je parle longuement avec ma responsable, ensuite, je travaille mieux.

....

COMPRÉHENSION ORALE

5. 🔊 **24** Écoutez ce dialogue et répondez aux questions.

a. Qui sont les personnes qui parlent ?
   1. Des candidats ☐
   2. Des recruteurs ☐

b. D'après elles, quels sont les points positifs du profil de Madame Niakhaté pour ce poste ?
....

c. D'après elles, quel aspect du poste pourrait déplaire à Madame Niakhaté ?
....

PRODUCTION ÉCRITE

6. Lisez cette offre d'emploi, et regardez le CV de Saïd. Écrivez sa lettre de motivation pour sa candidature.

OFFRE D'EMPLOI

Notre agence de voyage en ligne recherche un chef-graphiste.
Vous encadrerez une équipe de 4 personnes.
Vous avez de l'expérience en graphisme ? Vous savez développer des projets originaux et faire rêver les internautes de voyages ? Vous êtes doué(e) en relations sociales avec les membres de votre équipe ? Ce poste est pour vous !

CV

SAÏD ALAOUI

Expérience professionnelle
Depuis 2019 – Graphiste, Office du Tourisme, Casablanca
2017–2019 – Graphiste, Agence multimédia (sites web de musique, voyages, presse).

Études
2014-2017 – Licence de Design graphique ; École de graphisme, Marrakech

Centres d'intérêts
Voyages ; Photographie ; Dessin
Site web personnel : mesvoyages.net

PRODUCTION ORALE

7. Répondez aux questions.

a. Durant un entretien d'embauche, on vous demande quelle est votre principale qualité et quel est votre principal défaut, que répondez-vous ?

b. Durant un entretien d'embauche, on vous demande comment vous vous imaginez dans 10 ans, que répondez-vous ?

c. Quel type de recruteur seriez-vous ? (amical, strict, blagueur, distant...)

UNITÉ 5

LEÇON 3 • Motivés !

VOCABULAIRE

1 Reliez ces mots à leurs synonymes.

a. un(e) collègue
b. un(e) supérieur(e)
c. une rémunération
d. autonome
e. un(e) employé(e)

1. indépendant(e)
2. un(e) salarié(e)
3. un(e) responsable
4. un salaire
5. un(e) collaborateur(rice)

COMPRÉHENSION ORALE

2 🔊 25 Écoutez et répondez aux questions.

a. Quel est le rôle d'un responsable du bonheur dans une entreprise ?
....

b. Pourquoi les entreprises recrutent-elles de plus en plus de responsables du bonheur ?
....

c. Quelles actions peut mettre en place un responsable du bonheur au sein d'une entreprise ?
....

COMPRÉHENSION ÉCRITE

3 Lisez le texte et répondez aux questions.

Une librairie pas comme les autres...

Il a d'abord été technicien de maintenance*, travaillant notamment pour des hôtels de luxe parisiens. Mais Luc Pinto Barreto avait besoin d'autre chose : « Mon métier me frustrait et j'ai cherché une nouvelle vocation. Celle de libraire s'est révélée à moi. » Sans expérience sur le CV, trop âgé pour l'apprentissage en alternance, le jeune homme peine pour trouver un poste. « J'ai réalisé que le seul moyen pour moi de devenir libraire serait de créer ma propre librairie. Mais les loyers sont très chers. » Inspiré par les *food trucks*, il a alors décidé d'ouvrir une librairie de rue qu'il baptise *Dealer de Livres*.
Après une belle campagne de financement sur crowdfunding, il s'installe, à l'été 2019, sur le parvis de la gare de Saint-Denis, en région parisienne, avec une table en guise de décor.
L'hiver venu, Luc Pinto Barreto travaille à la librairie de Saint-Denis, *Folies d'Encre*. « J'y avais déjà fait un stage et j'y ai beaucoup appris sur le métier de libraire. » Pendant ce temps, il fait aménager un conteneur* pour abriter sa librairie de la pluie et la rendre opérationnelle toute l'année. [...]

À l'intérieur, une belle boutique propose désormais aux visiteurs un large choix de romans, BD, essais « J'aime les livres qui nous aident à réfléchir aux problématiques de la société. Les livres sur la condition féminine, l'éducation, le racisme... » Le libraire souhaite désormais organiser des événements : « Je voudrais faire de ma librairie un lieu de vie, avec des rencontres, du théâtre de rue, des activités en lien avec les associations locales. »

D'après « Luc Pinto Barreto, Libraire à St-Denis »,
Télérama, supplément Sortir, n°3691, octobre 2020.

*technicien de maintenance : personne qui fait toutes les réparations nécessaires pour entretenir les objets, machines dans une entreprise.
* un conteneur : une grande caisse en métal, utilisée d'habitude pour les transports (sur les camions, les bateaux...)

a. Pourquoi Luc Pinto Barreto souhaitait-il changer de métier ?
....

b. Pourquoi Luc Pinto Barreto a-t-il décidé d'ouvrir sa librairie ? Et pourquoi celle-ci est-elle « une librairie de rue » ?
....

c. Qu'est-ce que le travail à *Folies d'Encre* a permis à Luc Pinto Barreto ?
....

d. Qu'est-ce qu'on peut et pourra trouver dans la librairie de Luc Pinto Barreto ?
....

PRODUCTION ÉCRITE

4 Vous venez de trouver un emploi parfait. Vous recevez ce mail d'une amie française.
Lisez son mail et répondez-lui.

De : nadia@mail.fr
Objet : Nouvelles !

Salut !
Alors, il paraît que tu as trouvé le travail de tes rêves ?! Raconte-moi !
Tu fais quel métier maintenant ? Comment ça se passe ? Et comment tu as trouvé ce travail ?
Bref, dis-moi tout !
Des bises,
Nadia

PRODUCTION ORALE

5 Répondez aux questions.
   a. Si vous gagniez 1 000 000 d'euros, arrêteriez-vous de travailler ?
   b. Quel est le pire métier que vous connaissiez ?

Le courage de rêver • Unité 5

UNITÉ 5

LEÇON 4 • Vous êtes convaincu ?

VOCABULAIRE

1 **Complétez le texte avec ces expressions.**
(un) objectif – (une) présentation – laisser la parole à – (un(e) intervenant(e) – intervenir – (un) tour de table – (un) compte-rendu – (un) ordre du jour.

« Bonjour à tous ! Et merci pour votre présence à cette réunion. Comme vous le savez, notre .... est la .... de notre nouveau projet : la mise en place du zéro déchet dans notre établissement. L'... de cette réunion est de lister toutes les mesures que nous pourrions mettre en place. Pour cela, je vais .... notre premier ...., Noé. Je vous rappelle que si vous voulez ...., nous ferons .... à la fin de l'intervention de Noé qui vous permettra de poser toutes vos questions. Quant à moi, je prendrai des notes pour pouvoir vous faire parvenir .... détaillé de cette réunion. Je vous remercie. »

COMPRÉHENSION ORALE

2 🔊 **26 Écoutez et répondez aux questions.**

a. Quel est le problème des profils professionnels sur les réseaux sociaux, comme sur Linkedin ?
....

b. Qu'est-ce que Jean Pralong conseille de montrer sur son compte Linkedin ?
....

c. Comment faut-il montrer son parcours sur son compte Linkedin ?
   1. De manière détaillée ☐   2. De manière résumée ☐

d. Pourquoi cette manière de montrer son parcours est importante ?
....

COMPRÉHENSION ÉCRITE

3 Lisez le texte et répondez aux questions.

En visioconférence, vous adorez ou vous détestez vous regarder ?

L'époque lointaine des réunions professionnelles sur le lieu de travail est révolue (…) et s'accompagne d'une démocratisation des visioconférences. (…)

« C'est une nouvelle habitude qui est bien différente de celles d'avant. Auparavant, lors des réunions, l'attention était centrée sur celui ou celle qui prenait la parole. À présent, en visio, il est possible d'observer tout le monde, ceux qui parlent et ceux qui ne parlent pas, et de s'observer soi-même », analyse Agnès Bonnet-Suard, psychologue.
(…)

« Déjà que je passe une grande partie de mes semaines en jogging, je ne vais pas en plus me montrer comme ça devant mes collègues », s'amuse Alizée, cheffe de projet marketing.

Elle ne s'en cache pas. Depuis la mise en place du télétravail, et donc, des réunions en visioconférence, elle ne s'est jamais autant apprêtée. Coiffure, tenue, maquillage…

(…)
« Au départ, lors des réunions en visio, j'avais tendance à me regarder. », confie Ludovic. « Petit à petit, j'ai commencé à me faire des complexes. Nez trop gros, rides sur le front, cernes énormes… Franchement, j'ai abandonné ! Je ne prête plus aucune attention au retour caméra », raconte le trentenaire.
(…)

Thomas a trouvé la solution pour ne plus être confronté à son image. C'est simple, il ne met plus sa webcam. « J'ai de la chance d'avoir des employeurs compréhensifs. Je dis que ma caméra est cassée, comme ça, je suis excusé », raconte le jeune homme de 24 ans travaillant pour une boîte de production parisienne.

D'après Esther Suraud, 06/04/2021, Huffington Post
https://www.huffingtonpost.fr

a. D'après la psychologue Agnès Bonnet-Suard, quelle est la grande différence entre les réunions et les visioconférences ?

b. Quelle est l'attitude d'Alizée face aux visioconférences ?

c. Pourquoi Ludovic ne se regarde plus durant les visioconférences ?

d. Quelle est la solution que Thomas a trouvée pour supporter les visioconférences ?

PRODUCTION ÉCRITE

4 Que pensez-vous du système de l'« argumentaire express » ? Dans votre pays, ou dans votre domaine professionnel, quelles sont les pratiques courantes pour chercher et obtenir un emploi ?

PRODUCTION ORALE

5 Répondez aux questions.
   a. Aimez-vous travailler en équipe ou en solitaire ?
   b. Vous préféreriez travailler en extérieur, à la maison, dans un bureau ou dans un espace de coworking ?
   c. Le travail est-il très important dans votre vie ?

BILAN GRAMMAIRE

1 Complétez les phrases avec les formes appropriées de la mise en relief : *Ce que/Ce qui...., c'est/ce sont....* OU *C'est/Ce sont... qui/que.....*

a. .... est important sur un CV, ... la présentation positive des expériences professionnelles.

b. .... j'adore, ... les repas au Restau U avec mes camarades.

c. Regarde, ... la présentation .... j'ai préparée toute la semaine, pour la réunion avec nos clients.

d. Voilà, ... les solutions .... je vous propose. J'ai écrit un compte-rendu : .... je vous demande, ... de le lire et de bien y réfléchir avant la prochaine réunion.

e. Êtes-vous sociable ? .... la compétence .... est la plus importante pour ce poste.

f. Dans le télétravail, ... me plaît, ... de pouvoir travailler dans mon jardin. .... je n'apprécie pas, ... de ne pas voir mes collègues.

2 Lisez ces extraits de l'entretien d'embauche. Réécrivez les phrases soulignées en utilisant la mise en relief.

Recruteur : Avez-vous déjà travaillé en entreprise ?
Candidat : Oui, pendant mes études. J'ai fait mon BTS en alternance.
Recruteur : Parlez-moi de cette expérience.
Candidat : Je travaillais à temps partiel dans une entreprise, 3Dmédias, et le reste du temps j'étais en cours. Nous étions quatre dans l'équipe. Mes autres collègues étaient tous plus âgés et diplômés. <u>Avec eux j'ai appris à planifier des opérations de communication.</u> [...]
Recruteur : Pourquoi êtes-vous intéressé par notre entreprise et par ce poste ?
Candidat : <u>Je suis passionné de musique. Et le théâtre, l'humour, la danse, la culture en général... tout ce que vous faites au Studio des Arts Vivants de Casablanca, ça m'intéresse vraiment.</u> Pour moi, être community manager d'une entreprise comme la vôtre, c'est... c'est l'opportunité que j'attendais. Ça fait longtemps que je veux travailler chez vous. [...]
Recruteur : Imaginez que deux entreprises sélectionnent votre profil. Comment ferez-vous votre choix ?
Candidat : <u>Je regarde d'abord si le travail me plaît.</u> C'est le plus important. <u>Je m'intéresse aussi aux valeurs de l'entreprise.</u> Enfin, je vois les possibilités d'évolution, s'il est possible de faire carrière. <u>Et évidemment, je regarde les conditions de travail, c'est-à-dire le lieu, les horaires, les congés et bien sûr le salaire !</u>

....
....
....
....

3 Recopiez ce texte au passé en plaçant dans les phrases l'adverbe indiqué entre parenthèses.

Pendant mes études, j'ai apprécié la qualité des TD *(vraiment)*. J'ai aussi participé aux associations étudiantes *(souvent)*. Avec une association, j'ai organisé des concerts sur le campus *(régulièrement)*. Cela m'a servi ensuite dans mon parcours professionnel *(particulièrement)*. En effet, j'ai acquis une bonne expérience *(de cette manière)*, que j'ai mise en valeur sur mon CV *(parfaitement)*. Après mes études, j'ai obtenu un emploi dans une salle de spectacle *(facilement)*, pour gérer la programmation.

....
....
....
....

Unité 5 • Le courage de rêver

BILAN VOCABULAIRE

1 Reliez ces expressions à leur définition.

a. L'enseignement supérieur
b. Le chômage
c. Un(e) collègue
d. La reconnaissance
e. Un compte-rendu

1. C'est la période durant laquelle un travailleur recherche un travail.
2. C'est la personne avec qui on travaille.
3. C'est le sentiment qui montre qu'on est redevable envers quelqu'un.
4. Ce sont les formations qui suivent le baccalauréat.
5. C'est un document qui réunit les informations résumées d'une réunion.

2 Complétez ce texte avec les expressions suivantes.

(un) salaire mensuel – (un) poste – (les) conditions de travail – (un) entretien d'embauche – (des) congés – (une) recruteuse – à temps plein.

Salut Mila ! Aujourd'hui, j'ai eu mon premier ....

C'était pour le .... dont je t'avais parlé : chargée des inscriptions à l'université.

Madame Tapie, la ...., était très gentille et elle a su me mettre à l'aise.

Mon .... sera de 1540 € et je travaillerai ....

J'aurai aussi droit à 2,5 jours de .... par mois. J'espère que je vais être choisie.

Les .... sont parfaites et l'équipe a l'air très sympathique. Je croise les doigts !

3 Devinez et complétez le métier de chacun.

ouvrier(ère) – représentant(e) – directeur(trice) des ressources humaines

a. Ayoub dirige une équipe de trois personnes. Son équipe et lui s'occupent des salariés de l'entreprise : de leur embauche, de leurs formations ainsi que de leur départ.

Ayoub est ....

b. Oscar travaille dans une usine spécialisée dans les pièces automobiles. Son rôle est de veiller à la machine qui applique la peinture sur les portières.

Oscar est ....

c. Ava travaille pour une marque de champagne. Elle se rend dans des centres commerciaux, les salons ou les restaurants pour mettre en valeur les produits de sa marque et pour essayer d'en augmenter les ventes.

Ava est ....

Le courage de rêver • Unité 5

ENTRAÎNEMENT AU DELF B1

COMPRÉHENSION ORALE

Mettez-vous dans les conditions de l'examen : entre la première et la deuxième écoute, vous avez 30 secondes de pause. Après la deuxième écoute, vous avez une minute pour vérifier vos réponses.

27 Écoutez le document, et répondez aux questions.

a. Qu'a fait Elise Mareuil ?
   1. Elle a créé une entreprise. ☐
   2. Elle a aidé des salariés handicapés. ☐
   3. Elle a organisé un prix pour les entrepreneurs. ☐

b. Pourquoi les crèches du réseau Agapi sont spéciales ?
   1. Elles ont une démarche écologique. ☐
   2. Elles sont situées dans des villages isolés. ☐
   3. Elles accueillent les enfants des agriculteurs. ☐

c. Les crèches du réseau Agapi proposent aussi...
   1. des ateliers de lecture. ☐
   2. des événements culturels. ☐
   3. des formations pédagogiques. ☐

d. Dans ces crèches, il y a des places pour...
   1. des parents en recherche d'emploi. ☐
   2. des enfants en situation de handicap. ☐
   3. des salariés en reconversion professionnelle. ☐

e. Pour Élise Mareuil, le handicap, comme la création d'entreprise, demande...
   1. d'être très créatif. ☐
   2. de combattre des difficultés. ☐
   3. de bien connaître ses capacités. ☐

COMPRÉHENSION ÉCRITE

Lisez le texte et cochez les bonnes réponses.

« Après 7 ans dans la finance, je suis devenu producteur d'huile d'olive »

« En 2014, je me suis rendu à l'hôpital pour une opération de routine. Celle-ci ne s'est pas passée comme prévu et je me suis retrouvé avec une paralysie faciale. Je me suis rendu compte que la vie pouvait basculer à tout moment et qu'il fallait la vivre pleinement.
À l'époque, j'étais chargé d'affaires à BNP Paribas à Paris. J'avais un poste confortable, intéressant et épanouissant. J'appréciais beaucoup la relation commerciale que j'entretenais avec des chefs d'entreprise du secteur du luxe. »

Produire de l'huile, un passe-temps
« (...) Avec mon frère ingénieur, Christophe, nous avons acheté ensemble une parcelle d'oliviers. (...) Un soir, alors que je dînais avec ma compagne dans un restaurant étoilé de Yoann Conte à Annecy, j'ai vu qu'il y avait de l'huile d'olive à table. J'ai voulu lui faire goûter la mienne. Il a aimé mon produit et cela m'a convaincu que ce que je produisais avait du potentiel. »

5.000 litres d'huile par an
« En 2015, j'ai donc sauté le pas : j'ai démissionné de mon poste à la banque et lancé mon entreprise sous le nom de Chris & Olive. J'ai suivi des formations.
Aujourd'hui, je possède sept hectares de terres plantées d'oliviers en Grèce. Je produis environ 5.000 litres d'huile d'olive par an. »

Chloé Marriault, Les Echos, le 1 sept. 2021

a. Olivier a décidé de changer de vie à la suite d'un problème de santé.
   Vrai ☐   Faux ☐

b. Olivier n'appréciait pas son poste à la banque.
   Vrai ☐   Faux ☐

c. Olivier n'a aucune formation dans l'agriculture.
   Vrai ☐   Faux ☐

d. Olivier a été convaincu de produire de l'huile ...
   1. après avoir fait goûter son huile à un chef. ☐
   2. après avoir vendu l'huile d'olive à sa famille. ☐
   3. après avoir acheté une parcelle avec son frère. ☐

e. Olivier...
   1. a gardé son poste à la banque. ☐
   2. se consacre totalement à la production d'huile d'olive. ☐
   3. rêve de produire de l'huile d'olive. ☐

PRODUCTION ÉCRITE

Lisez cette annonce. Répondez à ce courriel pour postuler à ce poste. (160 mots minimum)

La boutique de l'université de Montréal recrute

Poste : vendeur(se)
Contrat : CDD
Durée : 6 mois, 10 heures par semaine
Expérience : indifférent

VOTRE MISSION :
La boutique de l'Université de Montréal vous propose un large choix de produits textiles, accessoires, papeterie et articles de sport.
Si vous recherchez une expérience professionnelle dans la vente, devenez vendeur(se) de l'Université de Montréal !
Nous recherchons une personne motivée, qui aime travailler en équipe et relever des défis. Vous devez avoir de bonnes connaissances en français et en anglais et avoir une bonne capacité d'adaptation.
Pour postuler, envoyez-nous un mail comprenant une description de vos compétences et de votre parcours professionnel ainsi que vos motivations.

PRODUCTION ORALE

- **MONOLOGUE SUR L'EXPRESSION D'UN POINT DE VUE**

    Dégagez le thème soulevé par le document et présentez votre opinion sous la forme d'un exposé personnel de 3 minutes environ.
    Mettez-vous dans les conditions de l'examen : vous avez 10 minutes pour lire le sujet et noter sur votre brouillon vos idées principales.

Les relations de travail : des relations amicales ?

93 % des Français déclarent se faire des amis au travail. L'amitié est importante pour notre bien-être dans le milieu professionnel. Elle nous apporte plus de motivation pour travailler, diminue notre stress, ajoute des moments agréables dans notre journée de travail.

Selon une étude réalisée au Canada, être ignoré(e) par ses collègues nuirait à notre bien-être. La sensation d'isolement, ou de mauvaises relations, pourrait entraîner de graves conséquences sur la santé des salariés.

Cependant, si l'amitié favorise l'épanouissement au travail, il faut respecter quelques règles pour avoir des bonnes relations avec nos collègues : il est important de garder une certaine autonomie, par exemple, ne pas s'obliger à déjeuner toujours avec les mêmes collègues. Il est également préférable de ne pas raconter toute sa vie personnelle, pour garder un espace d'intimité.

Être amis au travail est précieux, mais cela doit être adapté au lieu de travail. Si c'est une vraie amitié, elle se développera aussi en dehors du travail, dans la vie personnelle.

D'après Julia Kadri *Marie-Claire*

UNITÉ 6 — Mon corps, mon ami

LEÇON 1 • Mieux vaut prévenir que guérir

VOCABULAIRE

1. Complétez ces phrases avec le verbe qui convient.

guérir – vieillir – grandir – glisser – bouger

a. Il s'est cassé la jambe parce qu'il .... sur du verglas.

b. Elle fait du yoga pour aider son corps à mieux ....

c. Grâce à son nouveau traitement, il .... très rapidement.

d. Quand on fait du sport, on ...., on fait des efforts, c'est essentiel.

e. Je suis grande mais j'... à la fin de mon adolescence.

GRAMMAIRE

2. Conjuguez les verbes entre parenthèses aux temps qui conviennent.

a. Si la mairie .... *(construire)* une piste de ski, on .... *(aller)* faire du sport en famille !

b. Si les séries télévisées médicales .... *(expliquer)* bien les solutions, il y .... *(avoir)* moins de problèmes de santé.

c. Si ton médecin te .... *(dire)* de faire plus de sport, tu .... *(s'inscrire)* à un cours de sport ?

d. Si je .... *(participer)* à un cours de hip-hop, tu .... *(venir)* avec moi ?

3. Complétez ce dialogue avec des hypothèses.

Elsa : Comment tu vas mamie ?

Mamie : Pas très bien… J'ai mal au dos, comme d'habitude.

Elsa : Mais tu t'es inscrite à un cours de yoga, comme on avait dit ?

Mamie : Euh, non… Je n'ose pas trop sortir toute seule.

Elsa : .... ?

Il y a un cours le vendredi à midi !

Mamie : Oh, c'est gentil. Mais à midi, tu sais, pour moi c'est l'heure du déjeuner.

Elsa : Bon, ... !

Ça ne change pas beaucoup, et on déjeunera ensemble !

Mamie : Non, ça fait tard pour moi !

Elsa : Alors, je connais aussi des vidéos avec des exercices de gymnastique. .... ?

Mamie : Oui, pourquoi pas. Tu m'aideras à faire les exercices ?

Elsa : Bien sûr ! .... !

Je viendrai demain matin pour commencer !

COMPRÉHENSION ORALE

4 🔊 **28** Écoutez et répondez aux questions.

a. Qui est Thomas Lilti ?
   1. Un réalisateur ☐   2. Un médecin ☐   3. Un médecin et un réalisateur ☐

b. Dans la série *Hippocrate*, pourquoi les médecins ne sont pas à l'hôpital ?
   1. À cause d'un virus ☐   2. À cause d'une critique ☐

c. La série *Hippocrate* n'est appréciée par aucun critique.
   Vrai ☐   Faux ☐

COMPRÉHENSION ÉCRITE

5 Lisez ce texte et répondez aux questions.

DU SPORT-ÉTUDES À 14 000 $ PAR AN

Les programmes particuliers en sports, sciences ou arts ont la cote dans les écoles secondaires québécoises, et les parents sont prêts à y mettre le prix. Or, des voix s'élèvent pour réclamer une école publique plus égalitaire alors que les coûts de ces programmes peuvent grimper jusqu'à 14 190 $ par année. (…)
« Les projets sportifs, en particulier ceux associés au hockey, au tennis, au ski alpin et au patinage artistique, sont les plus onéreux* », ajoute-t-on.
Le programme particulier le plus cher offert dans le réseau public est celui de tennis-études à l'école secondaire de Mortagne, à Boucherville, dont les coûts s'élèvent à 14 190 $ par année, nous a indiqué le ministère de l'Éducation. Une quinzaine d'élèves y sont présentement inscrits. (…)
« De manière générale, les programmes de sport-études sont très recherchés puisque cette école reçoit chaque année deux fois plus de demandes que de places disponibles », ajoute M. Perreault. (…)

*onéreux = chers

D'après Catherine Gagnon, *Le journal de Montréal*, 26 avril 2021

a. Les programmes particuliers ne concernent que le sport.
   Vrai ☐   Faux ☐

b. Pourquoi certaines personnes s'opposent aux programmes particuliers ?
   ....
   ....

c. Les programmes de sport-études ont beaucoup de succès.
   Vrai ☐   Faux ☐

PRODUCTION ÉCRITE

6 Vous lisez cette annonce dans un magazine en ligne. Répondez à cette annonce : écrivez votre témoignage, donnez votre opinion, expliquez ce que, selon vous, il faut faire.

> Beaucoup de spécialistes disent qu'en général, la population ne bouge pas assez et ne fait pas assez de sport. Qu'en pensez-vous ? Dans votre entourage, la pratique sportive est-elle importante ? À votre avis, que faut-il faire pour améliorer la santé de la population ?
>
> *sportpourtous.org*

Mon corps, mon ami • Unité 6

UNITÉ 6

LEÇON 2 • Tout va bien, docteur ?

VOCABULAIRE

1 **Complétez ces phrases avec les expressions.**
(une) consultation médicale – (un) diagnostic – (un) traitement – un(e) patient(e) – un(e) infirmier(ère)

a. Les .... attendent leur rendez-vous dans la salle d'attente.

b. Tu devrais aller voir un autre médecin pour avoir un autre ....

c. Sur l'ordonnance est écrit le .... que je dois suivre.

d. On peut maintenant avoir une .... par vidéo.

e. Un .... passera tous les jours chez vous pour changer votre bandage.

GRAMMAIRE

2 **Lisez ce dialogue. Soulignez l'indicateur de temps (*d'ici /dans*) qui fonctionne, barrez celui qui ne fonctionne pas. Attention : parfois les deux indicateurs de temps fonctionnent !**

Médecin : Bonjour Mme Gaillard, comment allez-vous ?
Mme Gaillard : Je suis toujours fatiguée. J'ai fait une analyse de sang, comme vous me l'aviez demandé. Mais je n'aurai les résultats que **dans / d'ici** 3 ou 4 jours, m'a dit le laboratoire.
Médecin : Ah oui, parfois c'est long. Vous les recevrez seulement peut-être **dans / d'ici** une semaine, ou plus…. Et je vais partir en congé demain, pour deux semaines… Je ne serai pas de retour **dans / d'ici** le 1ᵉʳ juillet ! Bon, je vous donne un nouveau rendez-vous pour le 2 juillet.

Vous m'apporterez ces résultats, ils sont importants ! Déjà, **dans / d'ici** les prochains jours, vous allez prendre ce nouveau traitement. S'il fonctionne, vous en sentirez les effets : vous serez beaucoup moins fatiguée. Si vous ne sentez pas d'effets, **dans / d'ici** 3 jours, alors, arrêtez de prendre ce médicament. Nous verrons les analyses le 2 juillet, pour trouver le bon traitement.
En attendant, aussi, reposez-vous bien ! Et vous verrez, **dans / d'ici** un mois, vous irez beaucoup mieux !
Mme Gaillard : D'accord, merci docteur !

3 **Répondez aux questions en utilisant les indicateurs de temps *d'ici* et *dans*.**

a. D'après vous, quand l'Intelligence artificielle sera-t-elle souvent utilisée en médecine ?
....

b. Quand sera votre prochain rendez-vous chez le dentiste ?
....

c. Quand aura lieu votre prochain bilan de santé ?
....

COMPRÉHENSION ORALE

4 🔊 **29 Écoutez et répondez aux questions.**

a. Combien de fois minimum par an doit-on aller chez le médecin ?
....

b. On peut aller chez le médecin quand on est triste.
  Vrai ☐ Faux ☐

c. On a besoin de voir un docteur pour …
  1. avoir une ordonnance. ☐   2. faire un vaccin. ☐
  3. obtenir un carnet de santé. ☐

COMPRÉHENSION ÉCRITE

5 Lisez cette page internet et répondez aux questions.

a. Grâce à Livi, on peut …
   1. acheter des médicaments. ☐
   2. consulter en vidéo un médecin. ☐

b. Livi permet aussi de consulter physiquement un médecin.
   Vrai ☐   Faux ☐

c. Sur Livi, on peut obtenir …
   1. une ordonnance. ☐
   2. une carte vitale. ☐
   3. un arrêt maladie. ☐

PRODUCTION ÉCRITE

6 Comment fonctionne le système de santé dans votre pays ?
Décrivez l'accès aux soins (gratuit, payant…) et la manière de consulter un médecin généraliste et un médecin spécialiste.

....
....
....
....
....

PRODUCTION ORALE

7 Répondez aux questions.
   a. Allez-vous souvent chez le médecin ?
   b. Consomme-t-on beaucoup de médicaments dans votre pays ?
   c. Y-a-t-il beaucoup d'hôpitaux et de pharmacies dans votre pays ?

Mon corps, mon ami • Unité 6

UNITÉ 6

LEÇON 3 • Le corps nous rend malade

VOCABULAIRE

1 Reliez ces maladies à leur définition.

a. L'allergie
b. Le diabète
c. L'obésité
d. L'hypertension

1. Votre pression sanguine est trop forte.
2. Vous avez un excès de sucre dans le sang qui peut provoquer des malaises ou des maladies.
3. Votre corps ne supporte pas quelque chose et déclenche une réaction comme des démangeaisons, une toux ou les yeux qui coulent.
4. Vous êtes en situation de surpoids.

GRAMMAIRE

2 Mettez les phrases à l'impératif.

a. Tu dois éviter le sucre au petit-déjeuner.

....

b. Nous devrions modifier un peu notre alimentation, chaque jour.

....

c. À propos des allergies, vous pouvez vous renseigner auprès d'un allergologue.

....

3 Comme dans l'exemple, ajoutez le pronom qui convient dans ces phrases à l'impératif.

moi – toi – le – la – lui – nous – vous – les – leur

Exemple : *Tu as les mains sales ! Lave-.... les mains ! → Lave-toi les mains !*

a. Tu n'as pas compris les conseils des médecins ? Demande-................ de répéter ces conseils !
b. Vous n'aimez pas ce bouquet de fleurs car vous êtes allergique au pollen ? Alors, offrez-................ à quelqu'un d'autre !
c. Je vais éternuer ! Vite, donne-................ un mouchoir !
d. Nous devrions changer notre mode d'alimentation ! Inscrivons-................ à un atelier de diététique !
e. Vous vous inquiétez de votre état de santé ? D'abord, demandez-................ si votre régime alimentaire est adapté.
f. Tu ne te rappelles pas des informations sur les allergies au pollen ? Relis-................ !
g. Ta manière de cuisiner n'est pas saine. Change-................ !

COMPRÉHENSION ORALE

4 🔊 30 Écoutez et répondez aux questions.

a. À quoi Camille est-elle intolérante ?

....

b. Combien de personnes sont touchées par cette allergie en France ?
   1. 1 personne sur 4 ☐   3. 1 personne sur 3 ☐
   2. 1 personne sur 2 ☐

c. À quel âge Camille a-t-elle découvert son intolérance ?
   1. Quand elle était enfant ☐   3. À 39 ans ☐
   2. À 30 ans ☐

d. À quel moment Camille doit-elle faire attention ?

....

Unité 6 • Mon corps, mon ami

COMPRÉHENSION ÉCRITE

5 Lisez ce texte et répondez aux questions.

Allergie : sur la piste de l'arachide

Eczéma, diarrhées, vomissements… Les manifestations cliniques de l'allergie alimentaire à l'arachide sont variables. Afin d'éliminer l'arachide de votre alimentation, vous devrez vous mettre à l'épluchage… des étiquettes présentes sur les denrées* préemballées. Certains termes doivent en effet vous mettre la puce à l'oreille. Bien entendu, ceux faisant mention d'arachide, de cacahuète sous toutes leurs formes (beurre, huile, farine ou arôme) sont à proscrire. Mais ce ne sont pas les seuls…

L'arachide est largement utilisée comme exhausteur** de goût par l'industrie agroalimentaire. Peu coûteuse, cette source de lipides et de protéines est présente dans bon nombre de produits du quotidien. Vous risquez par exemple de la retrouver dans des barres de céréales ou dans des mélanges exotiques, très prisés*** à l'heure de l'apéritif.

Vous devrez donc rester attentif lors de vos achats. Une habitude d'autant plus contraignante qu'il existe des allergies croisées entre l'arachide et plusieurs types de noix. (…)

Et si vous allez au restaurant ? N'hésitez pas à demander la composition exacte des plats et la manière de les cuisiner. Enfin n'acceptez pas un plat pour lequel on se serait contenté d'enlever l'aliment interdit avant de le servir. Il y a toutes les chances qu'il reste des traces d'arachide.

*une denrée = un aliment
**un exhausteur = un additif alimentaire qui augmente le goût
*** prisés = appréciés

D'après *L'Est éclair*, 10/10/2021

a. Pour éviter de manger des arachides, il est conseillé de …
   1. vérifier les étiquettes des aliments. ☐   2. ne plus aller au restaurant. ☐
b. Qu'est-ce qu'un « exhausteur de goût » ?
   1. Un additif alimentaire ☐   2. Un aliment préemballé ☐
c. Au restaurant, qu'est-il conseillé de faire en cas d'allergie à l'arachide ?

....

PRODUCTION ÉCRITE

6 Pour vous, quel est le mode de vie le plus sain ? Pour être toujours en bonne santé, quelle est selon vous la vie idéale ?

PRODUCTION ORALE

7 Répondez aux questions.
   a. Quel est le régime alimentaire typique de votre pays ?
   b. Êtes-vous un(e) bon(ne) mangeur(euse) ?
   c. Mangez-vous comme vos parents ou vos grands-parents ?

UNITÉ 6
LEÇON 4 · La santé avant tout

VOCABULAIRE

1 Reliez ces expressions à leur définition.

a. Un système de santé
b. Une carte vitale
c. Un médecin traitant
d. Une mutuelle
e. Un remboursement

1. C'est une assurance qui complète la sécurité sociale.
2. C'est un document officiel qui nous est remis quand on s'inscrit à la caisse d'assurance maladie.
3. C'est le docteur qui est notre docteur référent.
4. C'est l'ensemble des organisations et des personnes qui s'occupent de la santé.
5. C'est lorsqu'on nous rend de l'argent.

GRAMMAIRE

2 Complétez ce texte avec les expressions du conseil suivantes.
vous devriez – vous pourriez – il faudrait – j'aimerais vous conseiller de – ce serait bien de – il vaudrait mieux…

Bonjour,
J'ai bien reçu votre demande de renseignements.
Pour vous inscrire à notre mutuelle, ……………………………… remplir le formulaire d'adhésion sur notre site.
Comme vous avez besoin de soins dentaires coûteux, ……………………………… choisir la formule « Ultra + ». Avec cette formule, ……………………………… être remboursé pour votre prothèse.
Par contre, ……………………………… commencer les soins chez le dentiste uniquement après votre inscription à votre mutuelle : nous ne pourrons pas rembourser les soins qui ont eu lieu avant.
Comme vos soins sont urgents, ……………………………… faire les démarches d'inscription à la mutuelle rapidement. ……………………………… faire ces démarches dès aujourd'hui, nous traiterons ensuite votre dossier d'ici quelques jours.

3 Répondez aux questions en donnant des conseils. Utilisez les formules du conseil au conditionnel.

a. J'arrive dans votre pays. Comment est-ce que je peux consulter un médecin généraliste ?
....

b. Je n'ai pas de mutuelle. Est-ce que je dois faire quelque chose ?
....

c. Souvent, au printemps, je tousse et j'éternue beaucoup. Qu'est-ce que je peux faire ?
....

d. J'ai reçu un mail bizarre de la part de Santé Publique, qu'est-ce que tu me conseilles de faire ?
....

Phonétique

4 🔊 **31** Écoutez ces mots. Indiquez si vous entendez l'imparfait ou le conditionnel.

	Imparfait	Conditionnel
a.		
b.		
c.		
d.		
e.		
f.		
g.		
h.		
i.		
j.		

5 🔊 **32** Écoutez et répétez ces mots.

Il fallait – Il faudrait – Il valait mieux – Il vaudrait mieux – Vous pourriez – Vous pouviez – Tu voudrais – Tu voulais – Vous devriez – Vous deviez – Ce serait bien – C'était bien

Compréhension orale

6 🔊 **33** Écoutez et répondez aux questions.

a. La sécurité sociale protège toutes les personnes qui habitent en France.
Vrai ☐   Faux ☐

b. On contribue à la sécurité sociale en fonction de son salaire.
Vrai ☐   Faux ☐

c. Grâce à la sécurité sociale, l'espérance de vie s'est allongée de …
1. 3 mois par an. ☐   2. 20 ans. ☐   3. 70 ans. ☐

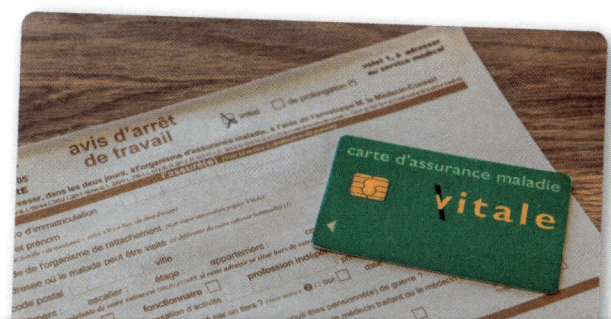

Compréhension écrite

7 Lisez ce texte et répondez aux questions.

a. Qu'est-ce que le NIR ?
1. Le numéro de sécurité sociale ☐
2. Le numéro de la carte vitale ☐

b. Quels organismes demandent le numéro de sécurité sociale ?

....

....

c. Le numéro de sécurité sociale sert à …
1. vous identifier. ☐
2. payer votre médecin. ☐
3. créer son compte Améli. ☐
4. contacter un conseiller. ☐

À quoi sert le numéro de sécurité sociale (NIR) ?

Unique et personnel, le numéro de sécurité sociale sert à vous identifier simplement auprès de votre caisse primaire d'assurance maladie, mais aussi de tous les autres organismes de sécurité sociale. Son nom officiel ? NIR pour numéro d'identification au répertoire (de l'Insee) mais pour tous c'est plus souvent « le numéro de sécu ». Il vous est demandé à chaque fois que vous vous adressez à votre caisse d'allocations familiales (CAF), à votre caisse de retraite, à Pôle emploi, à votre mutuelle (ou complémentaire santé) ou encore à une maison départementale des personnes handicapées (MDPH). Votre employeur utilise aussi votre numéro de sécurité sociale, tout comme les médecins, les hôpitaux et tous les professionnels de santé (infirmières, pharmaciens etc.). C'est un élément indispensable pour rembourser vos frais de santé, percevoir vos indemnités journalières, verser vos allocations familiales ou encore calculer votre retraite.

Le numéro de sécurité sociale sert également d'identifiant pour créer votre compte Ameli et vous y connecter. Le compte Ameli est votre espace personnel en ligne pour accéder aux services de l'Assurance Maladie. Depuis votre ordinateur, votre mobile ou votre tablette, vous pouvez consulter vos remboursements, télécharger vos attestations, contacter un conseiller par e-mail…
Ameli.fr

https://www.ameli.fr/assure/droits-demarches/principes/numero-securite-sociale

Production orale

8 Répondez aux questions.

a. Combien coûte une consultation chez le médecin dans votre pays ?
b. Avez-vous une carte comme la carte vitale dans votre pays ?
c. Êtes-vous remboursé quand vous allez chez le médecin dans votre pays ?

BILAN GRAMMAIRE

1 Complétez ces hypothèses.

a. Si je fais plus de sport, ...

b. Si l'Intelligence Artificielle est développée en médecine, ...

c. Si ton médecin te confirme que tu es allergique au pollen, ...

d. Si vous faites les exercices de hip hop, ...

e. Si nous prenons mieux soin de notre corps, ...

2 Complétez cette affiche. Utilisez l'impératif.

- Marchez au moins 30 minutes par jour !
- Mangez 5 fruits et légumes par jour !
- ....
- ....
- ....
- ....
- ....

3 À l'aide de votre affiche à l'impératif, complétez ce texte avec des conseils personnalisés.
Utilisez ces formules du conseil au conditionnel :
Vous devriez – Il faudrait – Ce serait bien de – Je vous conseillerais de – Il vaudrait mieux – Vous pourriez – Ce serait bien de ...

Bonjour,
Pour conserver une bonne santé, voici plusieurs conseils.
Il serait bon de marcher au moins 30 minutes par jour. La marche à pied permet de bouger votre corps, de travailler les articulations...
....
....
....
....
....
....

4 Complétez les phrases avec les expressions de durée *d'ici* et *dans*. Attention, parfois, plusieurs réponses sont possibles !

a. Nous vous enverrons les résultats de votre analyse .... le 30 août.

b. .... une ou deux semaines, le printemps commencera, et les allergies au pollen aussi.

c. Le dernier épisode de la série médicale passera à la télé .... 3 semaines. .... là, je vais regarder tous les premiers épisodes sur Internet !

72 Unité 6 • Mon corps, mon ami

BILAN VOCABULAIRE

1 Reliez ces expressions à leur synonyme.
- a. Mettre en garde
- b. Guérir
- c. Une consultation
- d. L'exercice physique
- e. Une prescription médicale

1. Un rendez-vous médical
2. Avertir
3. Le sport
4. Une ordonnance
5. Aller mieux

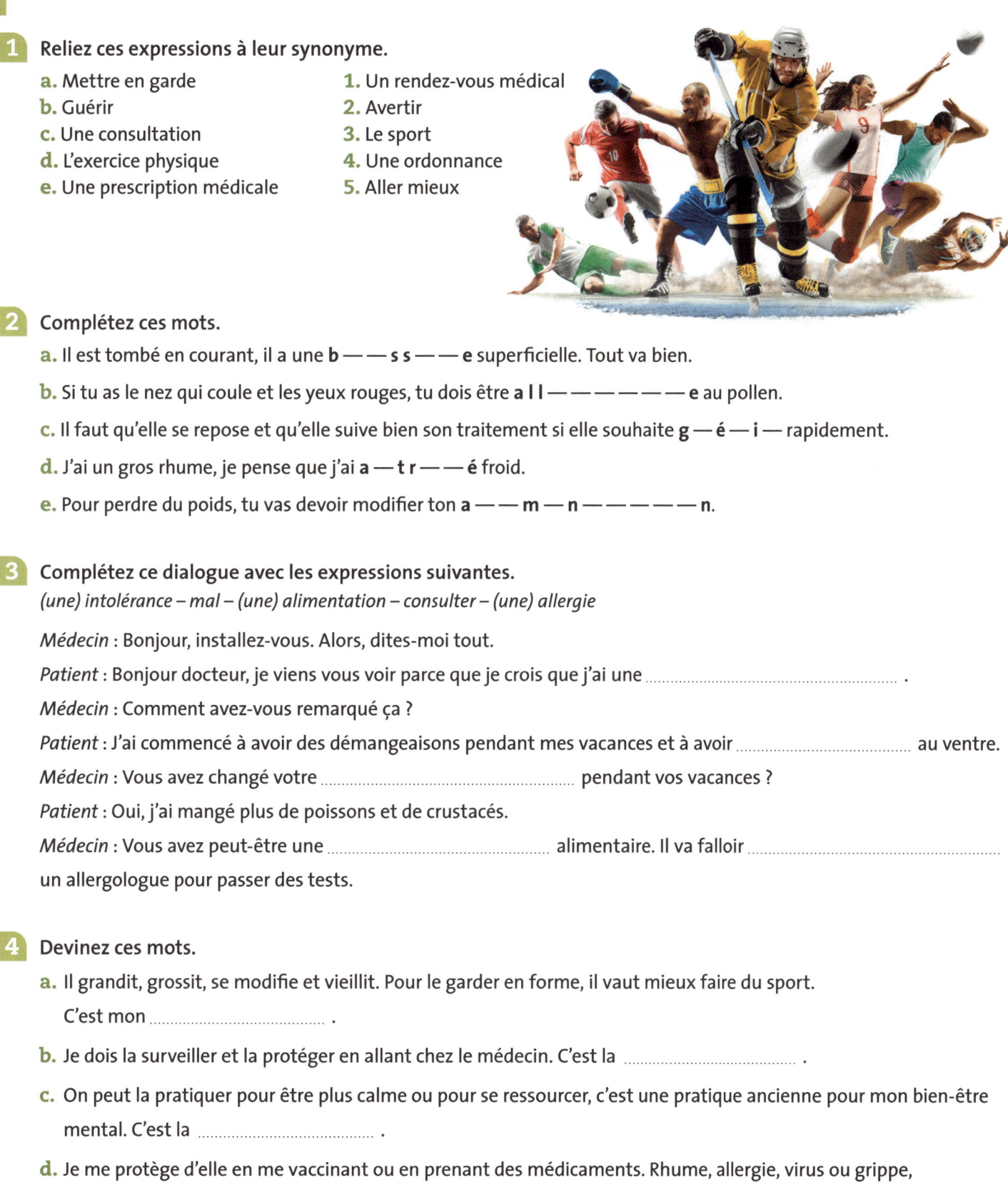

2 Complétez ces mots.
- a. Il est tombé en courant, il a une **b — — s s — — e** superficielle. Tout va bien.
- b. Si tu as le nez qui coule et les yeux rouges, tu dois être **a l l — — — — — — e** au pollen.
- c. Il faut qu'elle se repose et qu'elle suive bien son traitement si elle souhaite **g — é — i —** rapidement.
- d. J'ai un gros rhume, je pense que j'ai **a — t r — — é** froid.
- e. Pour perdre du poids, tu vas devoir modifier ton **a — — m — n — — — — — n**.

3 Complétez ce dialogue avec les expressions suivantes.

(une) intolérance – mal – (une) alimentation – consulter – (une) allergie

Médecin : Bonjour, installez-vous. Alors, dites-moi tout.

Patient : Bonjour docteur, je viens vous voir parce que je crois que j'ai une ....

Médecin : Comment avez-vous remarqué ça ?

Patient : J'ai commencé à avoir des démangeaisons pendant mes vacances et à avoir .... au ventre.

Médecin : Vous avez changé votre .... pendant vos vacances ?

Patient : Oui, j'ai mangé plus de poissons et de crustacés.

Médecin : Vous avez peut-être une .... alimentaire. Il va falloir .... un allergologue pour passer des tests.

4 Devinez ces mots.
- a. Il grandit, grossit, se modifie et vieillit. Pour le garder en forme, il vaut mieux faire du sport. C'est mon ....
- b. Je dois la surveiller et la protéger en allant chez le médecin. C'est la ....
- c. On peut la pratiquer pour être plus calme ou pour se ressourcer, c'est une pratique ancienne pour mon bien-être mental. C'est la ....
- d. Je me protège d'elle en me vaccinant ou en prenant des médicaments. Rhume, allergie, virus ou grippe, on la redoute tous. C'est la ....

Mon corps, mon ami • Unité 6

ENTRAÎNEMENT AU DELF B1

COMPRÉHENSION ORALE

Mettez-vous dans les conditions de l'examen : entre la première et la deuxième écoute, vous avez 30 secondes de pause. Après la deuxième écoute, vous avez une minute pour vérifier vos réponses.

34 Écoutez et répondez aux questions.

a. À qui s'adresse *Le Rire Médecin* ?
   1. Aux enfants hospitalisés. ☐
   2. Au personnel soignant des hôpitaux. ☐
   3. Aux patients restant longtemps à l'hôpital. ☐

b. Avant de commencer, les clowns...
   1. préparent leur spectacle. ☐
   2. se déguisent en médecins. ☐
   3. parlent avec l'équipe médicale. ☐

c. Pourquoi les clowns interviennent-ils ?
   1. Pour regrouper les personnes. ☐
   2. Pour compléter les traitements. ☐
   3. Pour offrir des moments de plaisir. ☐

d. Dans l'hôpital, les clowns viennent...
   1. de manière régulière. ☐
   2. selon les plannings des soins. ☐
   3. à la demande des spectateurs. ☐

e. Pour devenir clown à l'hôpital, un acteur...
   1. doit suivre une formation professionnelle. ☐
   2. doit effectuer un stage en milieu hospitalier. ☐
   3. doit être recruté par l'association *Le Rire Médecin*. ☐

f. L'association *Le Rire Médecin*...
   1. a besoin de bénévoles. ☐
   2. intervient dans différents établissements. ☐
   3. est l'unique association de clowns à l'hôpital. ☐

COMPRÉHENSION ÉCRITE

Lisez le texte et répondez aux questions.

Un jeune médecin généraliste haut-viennois entame un tour de France des remplacements... en camping-car !

Il prend la route ce vendredi, pour six mois. Fraîchement diplômé, Martial Jardel, jeune médecin généraliste de 30 ans, originaire du Dorat en Haute-Vienne, lance une initiative tout à fait originale, qui est sûrement une première : un tour de France en camping-car, pour aller remplacer ses confrères débordés partout où il y en a besoin, notamment en zone rurale et dans les déserts médicaux. (…)

« Les patients ne vont pas venir dans mon camping-car » précise le jeune praticien, « c'est juste mon logement et mon moyen de transport, ce qui me permet de m'affranchir de la problématique du logement, et du coup d'avoir accès à plus de remplacements, notamment auprès de médecins qui sont dans des territoires isolés, qui ont peu accès aux remplaçants, et qui prennent peu de vacances ».

Car c'est bien la finalité de cette initiative originale : donner un peu d'air à des confrères surbookés, durant deux semaines à chaque endroit. (…) « Il y a des médecins qui me disent : tes dates seront les miennes parce que je n'en peux plus, donc je dois souffler, et c'est quand tu veux » explique le jeune généraliste, « et puis il y a les médecins qui tout simplement avaient prévu de prendre des vacances, et qui sont ravis de trouver un remplaçant ». (…)

« En territoire rural, comme il y a en plus un accès difficile aux médecins spécialistes et aux examens complémentaires, le généraliste est obligé d'aller plus loin dans la prise en charge, et c'est cela qui rend la médecine générale rurale passionnante » conclut le jeune médecin, qui prend donc la route ce vendredi pour être en place dès lundi matin 8 heures à Sancerre, dans le Cher. (…)

Alain Ginestet, *France Bleu*, 19 mars 2021

a. Martial Jardel est …
   1. un jeune médecin. ☐   2. un étudiant en médecine. ☐
b. Qu'est-ce qu'un « désert médical » ?
   1. Un désert où travaillent des médecins. ☐   2. Un endroit où il n'y a pas de médecins. ☐
c. Martial Jardel va donner des consultations dans son camping-car.
   Vrai ☐   Faux ☐
d. Pour quelles raisons Martial Jardel a-t-il choisi de faire ses remplacements en camping-car ?
   ....
   ....
e. Quelle est la situation des médecins que Martial Jardel remplace ?
   1. Ils partent beaucoup en vacances. ☐   2. Ils travaillent trop. ☐   3. Ils n'ont pas de patients. ☐
f. Que signifie « le territoire rural » ?
   1. La plage ☐   2. La campagne ☐   3. La ville ☐

PRODUCTION ÉCRITE

Vous répondez à cet appel à idées. (Minimum 150 mots)

> **APPEL À IDÉES : SANTÉ POUR TOUS !**
>
> Vous avez des idées pour rester en bonne santé ?
>
> Nous souhaitons mettre en place des actions pour les habitants de notre ville (adultes et enfants) pour les aider à rester en forme.
>
> Si vous avez des idées, envoyez-nous un mail à l'adresse :
> **resterenforme@pmail.com**
>
> Toutes les idées choisies seront récompensées !

PRODUCTION ORALE

- **Exercice en interaction**

  Mettez-vous dans les conditions de l'examen : lisez le sujet, puis jouez cette situation avec un camarade ou votre professeur, sans préparation.

  Vous habitez dans une résidence universitaire au Québec. Vous constatez que la majorité des étudiants ne font pas de sport et ne consomment pas une alimentation bonne pour la santé.
  Vous proposez au directeur de la résidence d'organiser un atelier de conseils pour la santé.
  Il n'est pas enthousiaste, vous tentez de le convaincre d'organiser cet atelier.

UNITÉ 7 — Instant mode

LEÇON 1 • Pour tous les goûts

VOCABULAIRE

1 Devinettes : Quel est ce vêtement ?

a. On le porte sur la tête, il peut être de paille ou melon. C'est un c... .

b. On la porte à la taille pour ne pas perdre son pantalon. C'est une c... .

c. Il est composé d'une veste et d'un pantalon, les hommes le portent au travail. C'est un c... .

d. On la porte sur la tête à l'envers ou à l'endroit pour le sport ou pour être cool. C'est une c... .

e. Elle a des manches longues et des boutons pour se fermer. C'est une c... .

GRAMMAIRE

2 Complétez ces hypothèses.

a. Si je travaillais dans la haute couture, ...

b. Si je portais des chaussures à talons, ...

c. Si j'allais à une soirée déguisée, ...

d. Si j'avais le style de la sape, ...

3 Conjuguez les verbes entre parenthèses aux temps qui conviennent pour exprimer l'hypothèse.

a. Si j'................................ (*être*) Jean-Paul Gaultier, je .... (*faire*) de la haute couture avec des vieux vêtements.

b. L'environnement .... (*souffrir*) moins si les gens .... (*acheter*) et .... (*jeter*) moins de vêtements neufs.

c. Si tu .... (*écouter*) du hip hop, tu .... (*mettre*) toujours ta casquette à l'envers ?

d. Je ne .... (*porter*) des lunettes roses que si on m'y .... (*obliger*) !

e. Si je .... (*savoir*) coudre, je .... (*réparer*) tous mes anciens vêtements !

COMPRÉHENSION ORALE

4 🔊 35 Écoutez et répondez aux questions.

a. Quelle est la nouvelle tendance pour la mode cette année ?
  1. Le luxe ☐   2. Le glamour ☐   3. Le recyclage ☐

b. Quelles sont les solutions proposées par Mme Henneresse pour lutter contre la fast fashion ?
....
....

c. Le journaliste espère que les vêtements éco-responsables ne seront pas trop chers.
  Vrai ☐   Faux ☐

COMPRÉHENSION ÉCRITE

5 Lisez ce texte et répondez aux questions.

L'homme le plus élégant de Brazzaville à Paris

L'homme le plus élégant de Paris n'est pas né à Paris. Il est né à Brazzaville mais c'est dans les rues à Château-Rouge, un quartier de Paris que vous pourrez le croiser. Cet homme, c'est le Bachelor, le roi des Sapeurs : « Nous sommes dans la capitale de la mode, et pourtant les Parisiens ne sont pas élégants ».
Le mouvement de la sape est né au Congo. Les Congolais s'approprient les vêtements de seconde main importés d'Europe et créent leur propre style en imaginant des tenues très sophistiquées* et des looks de dandys**. Grâce à l'immigration des années 70, la sape s'installe à Paris et ses sapeurs si sophistiqués avec.

Le Bachelor perpétue cette tradition par son élégance. Il porte des tenues aux couleurs éclatantes, associe différentes matières. En général, la tenue parfaite du sapeur se compose de costumes colorés accompagnés d'accessoires comme une cravate, un gilet, un foulard ou un chapeau qui montrent que les sapeurs ont la grande classe. « Aujourd'hui, je suis connu mondialement grâce à la sape. Je m'aime et j'aime être beau, je suis fier de mon parcours. » Le Bachelor a même ouvert son propre magasin de vêtements pour populariser la sape.

*Sophistiquées = recherchées, modernes
** Un dandy = un homme très élégant

a. Expliquez qui est le Bachelor.

....

b. Le mouvement de la sape vient d'Europe.
   Vrai ☐   Faux ☐

c. Quel est le style des vêtements du Bachelor ?

....
....

PRODUCTION ÉCRITE

6 Décrivez votre style vestimentaire. Expliquez également où vous trouvez vos vêtements, et ce que vous faites de vos anciens vêtements.
Et si vous étiez couturier(-ère), quel style vestimentaire créeriez-vous ?

....
....
....
....
....

PRODUCTION ORALE

7 Répondez aux questions.
   a. Est-ce que vous aimez la mode ?
   b. Décrivez les vêtements que vous portez.
   c. Aimeriez-vous faire un relooking pour changer de look ?

UNITÉ 7

LEÇON 2 • La mode, liberté ou contrainte ?

VOCABULAIRE

1 Complétez le texte avec les expressions suivantes.

(une) égérie – (des) mensurations – (l') apparence – (une) silhouette – (un) diktat

Les marques veulent changer leur image en prenant des mannequins grande taille mais à quand une .... d'une grande marque de luxe avec une .... normale ? Le paraître semble encore trop important pour confier l'image d'une marque à une personne ayant une .... normale avec les .... de la majorité des hommes et des femmes. Les .... de la mode sont encore trop présents dans notre société.

GRAMMAIRE

2 Conjuguez les verbes entre parenthèses aux modes qui conviennent (indicatif ou subjonctif).

a. Je trouve que tous les types de corps .... (*être*) beaux.
b. Je ne trouve pas que les jeunes .... (*avoir*) un style neutre.
c. Je ne pense pas que tu .... (*pouvoir*) définir ton propre style.
d. Deborah Mutund trouve que chacun .... (*devoir*) avoir une image positive de son propre corps.
e. Je ne crois pas que le monde de la mode .... (*mettre*) assez en valeur les différents types de corps.

3 Complétez ces phrases.

a. Je ne crois pas que le paraître ....
b. Je trouve que les normes vestimentaires ....
c. Je ne pense pas que la mode masculine ....
d. Je ne trouve pas intéressant que ....
e. Je pense que les jeunes ....

COMPRÉHENSION ORALE

4 🔊 36 Écoutez et répondez aux questions.

a. De quel événement parlent ces deux personnes ?
....

b. Quel est l'avis de la personne positive sur cet événement ?
....
....

c. Quel est l'avis de la personne négative sur cet événement ?
....
....

COMPRÉHENSION ÉCRITE

5 Lisez ce texte et répondez aux questions.

Aya Nakamura fait la première Une du nouveau *Vogue France*

MODE – "Divine diva". Ce sont les mots qu'utilise le nouveau magazine Vogue France, héritier de Vogue Paris, pour décrire Aya Nakamura, chanteuse française qui fait la Une de ce premier numéro. En kiosque le jeudi 4 novembre, le magazine de mode a dévoilé hier, mardi 2 novembre sa couverture.

Ligne épurée, couleurs vibrantes, épaule dénudée et grand chapeau, Aya Nakamura est habillée en Balenciaga Haute Couture et photographiée par Carlijn Jacobs. (…)

"Je veux changer l'image de la femme française pour que tout le monde se reconnaisse. Aya Nakamura est une personnalité à laquelle tout le monde peut s'identifier. Ici, on l'a métamorphosée : elle est chic tout en restant elle-même, une figure accessible qui représente la femme française", explique Eugénie Trochu qui pilote la stratégie et la vision éditoriale aux Échos.

Aya Nakamura est une des rares artistes françaises à connaître un succès à l'étranger. Son dernier album *Aya*, sorti l'année dernière, a dépassé l'album d'AC/DC, en devenant le troisième le plus écouté dans le monde sur la plateforme Spotify, en seulement quatre jours. Rihanna et Madonna n'ont jamais caché leur admiration pour la chanteuse.

Athena Rivas, *Huffingtonpost*, le 03/11/2021

a. Qui est Aya Nakamura ?
....

b. Aya Nakamura est en première page du magazine *Vogue*.
Vrai ☐   Faux ☐

c. Pourquoi Aya Nakamura a-t-elle été choisie par le magazine *Vogue* ?
....

PRODUCTION ÉCRITE

6 Vous lisez ce message. Répondez-y en donnant votre opinion et en décrivant la situation là où vous habitez.

> Wow, aujourd'hui j'ai vu des affiches publicitaires différentes de d'habitude ! Une marque de vêtements affiche de grandes photos avec plusieurs mannequins qui ont vraiment des corps différents : maigre, gros, jeune, vieux... Ça fait du bien de ne plus voir un seul type de corps poser comme modèle ! Et ça met en valeur plein de physiques différents !

....
....
....
....

PRODUCTION ORALE

7 Répondez aux questions.
  a. Est-ce qu'être est plus important que paraître ?
  b. Êtes-vous pour ou contre les uniformes à l'école et au travail ?
  c. Comment s'habillent les jeunes dans votre pays ?

UNITÉ 7

LEÇON 3 • La mode change les mentalités

VOCABULAIRE

1 Reliez chaque expression à sa définition.
- a. Un mannequin
- b. Une garde-robe
- c. Une norme
- d. Une collection
- e. Un podium

1. C'est l'ensemble des modèles créés par un couturier pour une saison.
2. C'est l'ensemble des vêtements d'une personne.
3. C'est un modèle standard.
4. C'est une personne qui porte les vêtements d'une marque pour les montrer.
5. C'est l'endroit où défilent les mannequins lors d'un défilé.

GRAMMAIRE

2 Comme dans l'exemple, faites une phrase avec les éléments indiqués.

Exemple : J'aimerais / Tu as confiance en ton physique → J'aimerais que tu aies confiance en ton physique.

a. J'ai peur / Mon corps est mal accepté.
→ ....

b. Tu voudrais / Je deviens mannequin ?
→ ....

c. Il souhaite / Elle porte des jupes facilement.
→ ....

d. Je voudrais / Les hommes peuvent porter autre chose que des pantalons.
→ ....

e. Nous désirerions / Vous assistez à ce défilé.
→ ....

3 Complétez les phrases avec le mode qui convient (infinitif ou subjonctif).

a. Je trouve bien que Théo Curin ....
b. J'apprécie que les mannequins ....
c. Je souhaiterais que les défilés ....
d. J'apprécie de ....

PHONÉTIQUE

4 🔊 37 Écoutez ces mots. Cochez le son que vous entendez : [j], [w] ou [ɥ].

	[j]	[w]	[ɥ]
a.			
b.			
c.			
d.			
e.			
f.			

5 🔊 38 Écoutez et répétez les mots.

[j] : podium – historienne – initiative – associé – fier – devient

[w] : toi – moi – pourquoi – souhait – silhouette – couette

[ɥ] : aujourd'hui – lui – nuit – puis – suis – suivre – cuit

COMPRÉHENSION ORALE

6 🔊 **39 Écoutez et répondez aux questions.**

a. Quelles sont les demandes spécifiques de la marque de cosmétiques ?

....

b. Les mannequins ont été trouvés dans la rue.
   Vrai ☐   Faux ☐

c. Le client qui représente la marque de cosmétiques souhaiterait des mannequins plus âgés.
   Vrai ☐   Faux ☐

COMPRÉHENSION ÉCRITE

7 Lisez ce texte et répondez aux questions.

HISTOIRE DU PANTALON PAR *CAFÉ MODE*

Date de création
Les tous premiers pantalons ont fait leur apparition dans l'Antiquité chinoise. Au début inventés pour monter à cheval, les plus vieux pantalons découverts datent d'entre le XIIIe et le Xe siècle avant J.-C.

L'histoire du pantalon
Siècle après siècle, son utilisation a évolué ainsi que sa forme ou encore sa matière. Mais historiquement, l'utilisation du pantalon a fait son apparition avec l'utilisation du cheval car il était plus simple d'être libre de ses jambes. Depuis, il ne cesse d'évoluer sur des détails et c'est avec la pratique du sport qu'il va se populariser chez la femme.

Le pantalon de nos jours
Aujourd'hui, le pantalon le plus porté est le jean. Il a été créé et commercialisé pour les mineurs d'or de Californie et a été introduit à la fin du XIXe siècle. Finalement adopté par les agriculteurs et les ouvriers, le jean est devenu le vêtement symbolique de la fin du XXe siècle et est aujourd'hui, un basique de toute garde-robe.

Anecdote
Certaines grandes marques ont contribué à populariser le pantalon et à le moderniser. Coco Chanel a tenté de faire du pantalon un habit aussi féminin que masculin.

D'après https://cafemode.fr/origines-histoire-et-modeles-pantalon/

a. À l'origine, pour quelle raison a été inventé le pantalon ?

....

b. Quel est le vêtement symbolique de la fin du XXe siècle ?
   1. Le jean ☐   2. La robe ☐

c. Quelle styliste a aidé à populariser le pantalon pour les femmes ?

....

PRODUCTION ÉCRITE

8 Vous organisez un défilé de mode. Décrivez le défilé que vous souhaitez organiser, les mannequins que vous voulez voir sur votre podium, et le type de vêtements que vous leur demanderez de porter.

....
....
....
....
....

UNITÉ 7

LEÇON 4 • Parlons mode

VOCABULAIRE

1 Complétez le texte avec les expressions suivantes.

(une) garde-robe – (un) style – inspirer – mettre en valeur – (un) accessoire

Cet hiver, on va pouvoir ressortir les .... de nos mères (lunettes, bonnets…) car la mode s'............................ des années 70 et 80. Le .... sera disco mais un disco un peu décalé mélangeant paillettes et laine. Les pantalons taille haute .... les courbes de chacune et tous les hauts de notre .... pourront être utilisés car toutes les matières seront représentées.

COMPRÉHENSION ÉCRITE

2 Lisez ce texte et répondez aux questions.

a. Avec quelles chaussures est-il conseillé de porter son manteau en fausse fourrure ?

....

b. Le manteau léopard permet d'avoir un look qui se remarque facilement.
Vrai ☐   Faux ☐

c. Le noir est la couleur tendance de l'hiver.
Vrai ☐   Faux ☐

20 tendances mode incontournables de l'automne-hiver

Le manteau en fausse fourrure
Pour se protéger efficacement du froid sans tirer un trait sur son style, la fausse fourrure s'impose comme l'alliée mode par excellence. On la porte avec un look monochrome* comme chez Givenchy, avec des bottes métallisées et des solaires futuristes comme chez Balenciaga, ou même avec une pochette en fausse fourrure assortie comme chez Prada. Sinon, l'association jean brut, maille bien chaude et baskets fonctionne aussi.

Le manteau léopard
Dior, Dolce & Gabbana, N° 21, Etro, Michael Kors, Temperley London… Il a complètement envahi les collections des maisons de luxe. Le manteau léopard était partout sur les podiums, porté par-dessus un look rock, une silhouette glamour ou une tenue monochrome. Grâce à lui, on se démarque avec une facilité déconcertante.

Les couleurs phares de l'automne-hiver 2021-2022
Les couleurs vitaminées
Le noir n'a plus la cote. Fini les looks sombres passe-partout, la couleur est la reine de la saison. Les teintes primaires viennent égayer l'hiver à coup de jaune poussin, rouge vif, rose fuchsia, vert gazon et bleu roi sont à porter sans modération.

*Monochrome = qui est d'une seule couleur

D'après *Elle magazine* :
https://www.elle.fr/Mode/

COMPRÉHENSION ORALE

3 🔊 **Écoutez et répondez aux questions.**

a. Le journaliste a apprécié le défilé.
   Vrai ☐   Faux ☐

b. Julien Dossena mélange tradition et modernité.
   Vrai ☐   Faux ☐

c. Comment est décrite la première robe du défilé ?

....
....

PRODUCTION ÉCRITE

4 Décrivez votre tenue comme si vous écriviez un article de mode : présentez votre style et vos vêtements, utilisez de nombreuses expressions qui les mettent en valeur, montrent leur originalité et comment ils s'inscrivent dans une tendance.

....
....
....
....
....

PRODUCTION ORALE

5 **Répondez aux questions.**

a. Connaissez des magazines de mode ?
b. Comment sont les costumes traditionnels de votre pays ?
c. Achetez-vous beaucoup de vêtements ?

Instant mode • Unité 7

BILAN GRAMMAIRE

1 Comme dans l'exemple, écrivez une hypothèse incertaine pour chaque situation.

Exemple : *organiser un défilé de mode* → *Si j'organisais un défilé de mode, je choisirais différents types de mannequins. / Si j'étais un styliste connu, j'organiserais des défilés de mode.*

a. Acheter de la haute couture.
→ ....

b. Ne pas jeter de vêtements.
→ ....

c. Porter des jupes.
→ ....

d. Avoir des cravates colorées.
→ ....

e. Inventer un nouveau style vestimentaire.
→ ....

f. Changer les mentalités.
→ ....

2 Comme dans l'exemple, dites le contraire de ces personnes en utilisant les mêmes phrases. Utilisez le subjonctif.

Exemple : *Je crois que la mode est géniale.* => *Je ne crois pas que la mode soit géniale.*

a. Justin : « Je trouve que les nouvelles tendances de mode sont toujours intéressantes. Je crois que tout le monde doit les suivre. Je pense que nous avons tous à y gagner en beauté. »
→ ....
....

b. Delphine : « Je trouve que les hommes qui portent des jupes sont bêtes. Je crois que la jupe n'est que féminine. Je pense que c'est bizarre de voir les jambes des hommes. Je crois que le pantalon est plus confortable pour eux. »
→ ....
....

c. Grégoire : « Je crois que c'est important d'aller voir des défilés de mode. Je trouve que, de cette façon, on comprend mieux comment renouveler sa garde-robe. Je pense qu'on apprend beaucoup avec les nouveaux styles qui sont inventés. »
→ ....
....

3 Exprimez votre émotion et votre souhait face à chaque situation. Pour cela, utilisez le mode qui convient (*que + subjonctif* ou *de + infinitif*) avec les expressions suivantes :

Je suis choqué(e) – Je souhaiterais – Je suis content(e) – Je voudrais – J'ai décidé

La situation	Mon émotion / Mon souhait
a. Offrir des robes serrées.	....
b. Mettre en valeur son corps.	....
c. Préférer la beauté intérieure.	....
d. Se servir de vêtements recyclés.	....
e. Voir des nouveaux mannequins.	....

Unité 7 • Instant mode

BILAN VOCABULAIRE

1 Reliez chaque expressions à sa définition.

a. La haute couture
b. Un défilé
c. Un podium
d. Une tendance
e. Un mannequin

1. C'est l'espace qui permet aux mannequins de défiler.
2. C'est un indicateur de ce qui plaît aux consommateurs.
3. Ce sont des vêtements faits sur mesure contrairement au prêt-à-porter.
4. C'est une personne qui porte des vêtements pour représenter une marque.
5. Il s'agit du spectacle qui permet aux stylistes de présenter leurs collections.

2 Complétez les phrases avec les expressions suivantes.

(une) matière – (une) égérie – (l') apparence – (une) marque – (une) collection

a. Le coton bio est la .... que les consommateurs recherchent le plus.

b. Les jeunes créateurs se limitent à deux .... par an pour éviter trop de consommation.

c. La nouvelle .... de cette maison de luxe est une mannequin grande taille.

d. Les .... de luxe s'enrichissent grâce aux cosmétiques et non grâce à la haute couture.

e. La mode permet à chacun de changer son ....

3 Complétez le texte avec les expressions suivantes.

(les) changements de mentalités – (la) surconsommation – (des) rondeurs – (le) recyclage

Je ne crois pas que la mode soit obligée de se réinventer. La mode s'adapte à la société et elle est son reflet.

Si le réchauffement climatique inquiète, la mode propose des collections sur le ....

qui remettent en question la .... Si l'image de la femme dans notre société inquiète,

la mode propose des mannequins avec des .... qui ressemblent plus aux standards actuels.

Elle s'adapte toujours aux ....

4 Décrivez les looks ci-dessous.

a.

b.

c.

d.

Instant mode • Unité 7

ENTRAÎNEMENT AU DELF B1

COMPRÉHENSION ORALE

41 Écoutez et répondez aux questions.

a. Quand la coutume de l'habillement décontracté en entreprise le vendredi s'est-elle popularisée ?
   1. Depuis les années 2000. ☐
   2. Au début des années 90. ☐
   3. À partir de la fin des années 90. ☐

b. Selon Clara, quelle est la différence dans l'habillement ces vendredis décontractés ?
   ....
   ....

c. Selon Clara, que peut-on porter pendant les vendredis décontractés ?
   1. Des vêtements de sport. ☐
   2. Des jeans et des baskets. ☐
   3. Des costumes personnalisés. ☐

d. Comment Clara et le journaliste sont-ils habillés pendant l'émission ?
   1. En tenue correcte. ☐
   2. En costumes formels. ☐
   3. En habits très décontractés. ☐

e. Selon Clara, que se passe-t-il en général dans les entreprises ?
   1. Les exigences vestimentaires sont plus souples. ☐
   2. Les styles doivent refléter la culture de l'entreprise. ☐
   3. Le mode d'habillement varie selon le poste des salariés. ☐

f. Clara explique que certaines entreprises organisent des journées où l'habillement...
   1. doit être sérieux. ☐
   2. doit être surprenant. ☐
   3. doit être personnalisé. ☐

COMPRÉHENSION ÉCRITE

Lisez ce texte et répondez aux questions.

Au festival de Hyères, la mode éco-responsable sur le devant du podium

Pour la première fois, l'éco-responsabilité est récompensée avec un nouveau prix, cette année au festival de Hyères, le plus ancien des concours de mode destiné aux jeunes professionnels du monde entier.

C'est le plus célèbre des chausseurs, mais pour la 36ᵉ édition du Festival international de mode, de photographie et d'accessoires de Hyères qui se déroule du 14 au 17 octobre à la villa Noailles, Christian Louboutin est président de jury pour les accessoires. Cette année, le créateur est un peu surpris. Le monde de la mode semble avoir intégré un nouveau mot : éco-responsabilité. (…)
« À travers tout le travail des lauréats, il y a vraiment une responsabilité que je n'ai pas vue depuis longtemps. Ça passe par le recyclage, de temps en temps c'est plutôt utiliser des matières innovantes et responsables. Je ne pense pas que ce soit une mode. » (…)

De plus en plus de jeunes créateurs renoncent à la fourrure et aux matières plastiques. Que reste-t-il ? « Aujourd'hui, il existe des versions éco-responsables à peu près de toutes les matières premières, répond Gilles Lassebordes, directeur général des grands salons de tissus Première Vision, la version recyclée du polyester, du polyamide. Le coton existe en culture biologique ou éthique. Vous avez de la laine issue d'élevages qui ont des certificats pour le bien-être animal. Donc les ingrédients sont disponibles. » 50% des tissus proposés aujourd'hui sont éco-responsables contre quelques pour cents seulement il y a cinq ans.

Par Sophie Auvigne, *France Culture*, 16/10/2021

a. Quelle est la nouveauté du festival de Hyères ?
   ....

b. Pour Christian Louboutin la mode éco-responsable ne va pas durer longtemps.
   Vrai ☐   Faux ☐

c. Pour Christian Louboutin par quoi passe l'éco-responsabilité des lauréats ?
   ....
   ....

d. Quelles sont les nouvelles matières proposées par les jeunes créateurs ?
   ....
   ....

PRODUCTION ÉCRITE

Vous avez reçu ce mail d'une amie. Vous lui répondez en la conseillant sur le bon look à adopter. (minimum 100 mots)

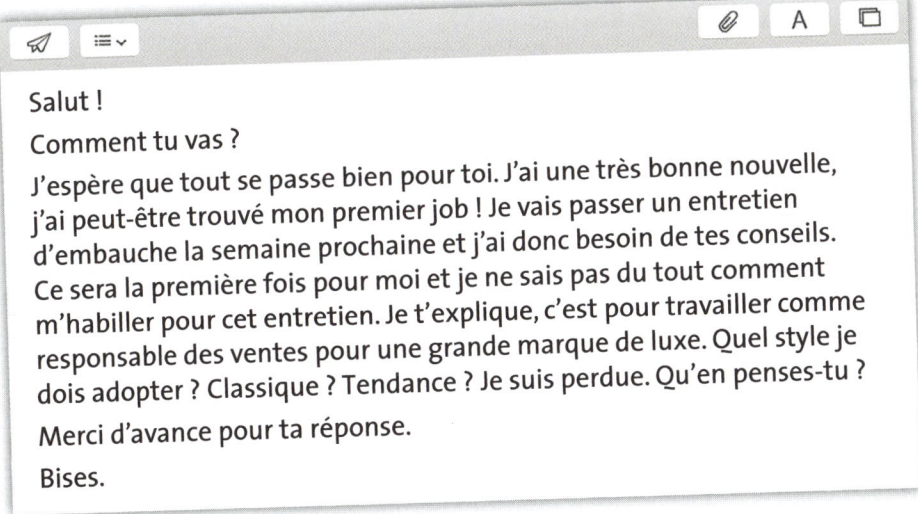

Salut !

Comment tu vas ?

J'espère que tout se passe bien pour toi. J'ai une très bonne nouvelle, j'ai peut-être trouvé mon premier job ! Je vais passer un entretien d'embauche la semaine prochaine et j'ai donc besoin de tes conseils. Ce sera la première fois pour moi et je ne sais pas du tout comment m'habiller pour cet entretien. Je t'explique, c'est pour travailler comme responsable des ventes pour une grande marque de luxe. Quel style je dois adopter ? Classique ? Tendance ? Je suis perdue. Qu'en penses-tu ?

Merci d'avance pour ta réponse.

Bises.

PRODUCTION ORALE

- **EXERCICE EN INTERACTION**

    Mettez-vous dans les conditions de l'examen : lisez le sujet, puis jouez cette situation avec un camarade ou votre professeur, sans préparation.

    Vous vivez dans une résidence étudiante en Belgique. Pour lutter contre la pollution et le gaspillage, vous souhaitez organiser dans la résidence un atelier de couture, à partir de vêtements usagés ou non portés. Vous présentez votre projet au directeur. Il n'est pas très enthousiaste, vous tentez de le convaincre.

UNITÉ 8 — L'info en continu

LEÇON 1 · À la une

VOCABULAIRE

1. Complétez les phrases avec les expressions suivantes.

(les) médias – (l') actualité – zapper – (un) auditeur – s'informer

a. À la une de l'........................... aujourd'hui, le vol du célèbre tableau au musée du Louvre.

b. C'est la radio qui a le plus d'........................... cette année.

c. Les Français .... par différents .... comme la télévision, la radio ou Internet.

d. Il passe d'une chaîne à l'autre, il passe son temps à .... quand il regarde la télévision.

GRAMMAIRE

2. Nominalisez ces verbes ou ces adjectifs.

a. Changer → le ....

b. Arriver → l'...........................

c. Écrire → l'...........................

d. S'informer → l'...........................

e. Apprendre → l'...........................

f. Médiatisé → la ....

g. Abonné → l'...........................

3. Réécrivez ces titres en utilisant la nominalisation pour les verbes ou les adjectifs soulignés.

a. Avec cette application, <u>informez</u>-vous en continu !

....

b. Tout va <u>changer</u> pour cette nouvelle année ?

....

c. Ce nouveau projet est très <u>médiatisé</u>.

....

d. <u>Abonnez</u>-vous gratuitement à notre journal en ligne.

....

e. À l'école, on <u>apprend</u> les gestes contre la pollution.

....

f. Un roman à succès <u>écrit</u> par un auteur de notre région.

....

g. Un nouveau joueur <u>arrive</u> dans l'équipe de notre ville !

....

COMPRÉHENSION ORALE

4. 🔊 42 Écoutez et répondez aux questions.

a. La presse française était très importante au début du XXe siècle.
  Vrai ☐ Faux ☐

b. Le journal le plus lu est un journal national.
  Vrai ☐ Faux ☐

c. Quelle est la presse hebdomadaire la plus vendue ?

....

COMPRÉHENSION ÉCRITE

5 Lisez ce texte et répondez aux questions.

Les Français restent vigilants envers les médias, mais jugent les journalistes « utiles » à 91%

Selon une étude Viavoice pour Franceinfo, 91% des Français pensent que les journalistes sont utiles, mais 83% estiment que les médias disent tous la même chose ou presque.

Le baromètre annuel Viavoice sur les attentes des Français envers les journalistes révèle notamment l'importance du métier de journaliste aux yeux des Français. Les Français et les médias, c'est une histoire compliquée. Les citoyens sont très critiques envers la presse, mais en même temps très consommateurs. Pour 91% des Français, selon l'étude, les journalistes sont « utiles ». Chez les jeunes, de nouvelles habitudes sont confirmées et les moins de 25 ans se détournent de la télévision ou de la radio pour s'informer sur leur téléphone portable. « Je regarde Facebook », explique une lycéenne. Pour un autre, ce ne sont pas « des informations fiables et certaines » qui s'y trouvent.

Se pose alors la question : les Français font-ils encore confiance aux journalistes ? « S'il y a plusieurs journaux qui me donnent une version différente, je fais ma synthèse », explique un Français. Un autre affirme « prendre du recul* » sans avoir « confiance à 100% quand même », ajoute-t-il. La grande majorité des Français condamne les violences contre la presse et 82% d'entre eux estiment que le journalisme est indispensable dans une société démocratique.

France 2, le 09/03/2019

*Prendre du recul = regarder les choses différemment

a. La majorité des Français juge les journalistes inutiles.
   Vrai ☐   Faux ☐

b. Comment s'informent principalement les jeunes Français ?

....

c. Qu'est-ce que les Français pensent du journalisme ?

....

PRODUCTION ÉCRITE

6 Renseignez-vous sur les habitudes d'information dans votre pays. Puis, écrivez un petit article pour présenter ces habitudes.

....
....
....
....
....
....

PRODUCTION ORALE

7 Répondez aux questions.
   a. Est-ce que vous suivez l'actualité ?
   b. Quels médias connaissez-vous sur les réseaux sociaux ?
   c. Quels médias connaissez-vous en presse écrite ?

UNITÉ 8

LEÇON 2 ▪ Faits divers

VOCABULAIRE

1 Reliez chaque expression à sa définition.

a. Un fait divers
b. Révéler
c. Un témoin
d. Un conflit

1. C'est une personne qui assiste à un événement.
2. Faire connaître ce qui était secret.
3. Lorsque deux éléments ou deux personnes s'opposent.
4. C'est un événement relaté par la presse mais qui n'est pas essentiel.

GRAMMAIRE

2 Transformez ces phrases à la voix passive.

a. Quelqu'un a volé mes bijoux !

....

b. On retrouvera le coupable.

....

c. Des journalistes interviewent la victime.

....

d. Une personne prenait souvent cette boutique en photo.

....

e. Je pense que quelqu'un va attaquer cette boutique.

....

f. Quelqu'un avait caché mon téléphone sous le canapé pendant 3 jours ! Je croyais qu'on me l'avait volé !

....

PHONÉTIQUE

3 🔊 43 Écoutez les mots et complétez-les avec « ph » ou « f ».

a. La — — iloso — — ie
b. Un con — lit
c. L'orthogra — — e
d. Un — abricant
e. C'est — ormidable !
f. Un élé — — ant

COMPRÉHENSION ORALE

4 🔊 44 Écoutez et répondez aux questions.

a. Quel est le premier fait divers décrit ?

....

b. Quel est le deuxième fait divers décrit ?

....

c. L'homme apprécie les faits divers insolites car cela change des actualités négatives.
Vrai ☐   Faux ☐

COMPRÉHENSION ÉCRITE

5 Lisez ce texte et répondez aux questions.

INSOLITE : « Chloé veux-tu m'épouser ? »

Oubliez la demande en mariage traditionnelle dans un restaurant 4 étoiles. Voici une manière bien plus originale de déclarer votre flamme à votre amoureuse (ou votre amoureux, on est en 2021 quand même). Yannis Baltzer est agriculteur à Ringendorf (Bas-Rhin). Et le lundi 2 août 2021, il a mélangé travail et amour en demandant Chloé Steinmetz en mariage... pas très discrètement, au milieu du colza. À l'aide de son tracteur, le jeune homme de 31 ans a tracé un message géant dans son champ dominé par la colline de l'Altenberg : « Chloé veux-tu m'épouser ? » Marc, habitant du village, s'en amuse. « Ce n'est plus la colline d'Altenberg, maintenant, c'est la colline de Chloé. » (…)

Chloé a été emmenée sur l'Altenberg. Ses yeux étaient bandés... Et elle a enfin pu découvrir sa surprise. La jeune fiancée de 24 ans a été fort émue. « J'ai pleuré comme une madeleine. » Avant de dire oui.

« Je voulais une demande en mariage spéciale parce que Chloé est une personne exceptionnelle. C'est aussi simple que ça », précise le futur mari.

D'après France 3 Grand est, par Vincent Ballester et Claire Peyrot, le 07/08/21

a. Ce fait divers est une demande en mariage originale.
Vrai ☐   Faux ☐

b. Comment Yannis a-t-il fait sa demande ?

....
....
....

c. Quelle a été la réaction de Chloé ?

....
....
....

PRODUCTION ÉCRITE

6 À l'aide de ces images, écrivez un fait divers insolite pour le magazine de votre école.

....
....
....
....
....

PRODUCTION ORALE

7 Répondez aux questions.
   a. Aimez-vous lire les faits divers ?
   b. Quels sont les faits divers les plus célèbres dans votre pays ?
   c. Qui sont les journalistes célèbres de votre pays ?

UNITÉ 8

LEÇON 3 • Info ou intox ?

VOCABULAIRE

1 **Complétez cette interview avec les expressions suivantes (plusieurs possibilités).**

selon – d'après – affirmer que – soutenir que

Journaliste : Aujourd'hui, a eu lieu la marche pour le climat. ………………………………… les manifestants, le gouvernement ne tient pas ses promesses au niveau environnemental. Que pensez-vous de cela madame la Ministre ?

Ministre : Nous allons mettre en place, dès cette année, différentes mesures qui répondront aux attentes et aux demandes de ces citoyens.

Journaliste : Madame la Ministre vous ………………………………… le gouvernement prendra en compte les demandes des manifestants mais ils ………………………………… vous auriez déjà dû mettre en place un certain nombre de mesures.

Ministre : Les citoyens ne comprennent pas que le gouvernement travaille sur des mesures durables. ………………………………… eux, rien n'est fait mais je vous assure que nous tentons de trouver des solutions.

GRAMMAIRE

2 **Complétez ces phrases avec les indicateurs de temps qui conviennent *(la veille, le lendemain)*.**

a. Ce samedi, dans la rue, j'ai vu un acteur célèbre de ma ville. J'ai été très étonné : ……………………………………, j'avais lu un article expliquant qu'il avait disparu ! ………………………………… un nouvel article a été publié : c'était une fausse nouvelle !

b. Ce soir-là, en allumant mon téléphone, j'ai vu qu'un ami m'avait appelé de nombreuses fois. Je lui ai écrit un texto. …………………………………, il m'a rappelé et m'a expliqué que ………………………………… il avait besoin que je lui donne des informations pour écrire un article.

c. Lundi dernier, un article de ce journaliste a été publié. ………………………………… il a fait une conférence pour expliquer les erreurs présentes dans son article. En effet, ………………………………… de la publication, il avait entendu de nouveaux témoignages, et son article n'était plus juste.

COMPRÉHENSION ÉCRITE

3 Lisez ce texte et répondez aux questions.

Apprendre aux enfants à se méfier des fake news

Pourquoi attendre que les enfants soient au collège où ils sont déjà adeptes des réseaux sociaux pour leur parler des risques de la désinformation sur internet ? Pour Rose-Marie Farinella, mieux vaut le faire le plus tôt possible. Cette ancienne journaliste, devenue enseignante en maternelle, se rend chaque semaine dans une classe de CM2 de l'école primaire pour y donner un cours spécial dédié aux enfants. Ce cours a pour but de leur apprendre à reconnaître les fake news, les fausses nouvelles.

« Je recevais beaucoup de fausses informations par mail et j'en voyais aussi passer sur Facebook. Alors, si pour moi, cela est compliqué, comment les enfants peuvent-ils s'y retrouver ? C'est comme cela qu'est née cette idée. » Et n'ayant pas trouvé d'outils pédagogiques spécifiques sur la désinformation destinés aux enfants, Rose-Marie Farinella a décidé de les créer, en s'appuyant sur son ancienne expérience de journaliste et son expérience d'enseignante.

À travers ce projet d'éducation aux médias, elle espère ainsi faire des enfants de vrais cybercitoyens. Car pour elle, développer leur esprit critique est aujourd'hui aussi important que de leur apprendre à lire, écrire et compter. (…) Elle leur apprend à vérifier les sources (Qui a écrit l'article ? Sur quel site ? Est-il sérieux ?), à comparer les informations, à les contextualiser ou encore à comprendre le fonctionnement d'un moteur de recherche.

Elle leur enseigne aussi à comprendre les images : reconnaître les photomontages (de plus en plus sophistiqués), déterminer si une photo correspond bien à l'événement qu'elle illustre ou si elle a été recyclée du passé. Des techniques essentielles pour éviter de croire naïvement aux fake news.

D'après Angélique Pineau-Hamaguchi, *essentiel Santé magazine*, mis en ligne le 12/02/2020

a. Rose-Marie Farinella enseigne un cours sur les fake news au collège.
   Vrai ☐   Faux ☐

b. Pourquoi Rose-Marie Farinella a-t-elle créé ses propres outils pédagogiques ?
....

c. Durant ce projet, Rose-Marie Farinella apprend aux enfants à …
   1. développer leur sens critique. ☐
   2. mieux compter. ☐
   3. savoir écrire des articles. ☐

d. D'après Rose-Marie Farinella, que doivent vérifier les enfants face à une nouvelle ?
....

e. D'après Rose-Marie Farinella, que faut-il faire face aux images ?
....

PRODUCTION ÉCRITE

4 D'après vous, comment un journaliste doit-il exercer son métier ? Les informations doivent-elles être immédiates ? Comment devraient-elles être transmises ?
Donnez votre opinion.

UNITÉ 8

LEÇON 4 • Place au débat

VOCABULAIRE

1 Reliez ces expressions à leur définition.

a. Un débat
b. La liberté d'expression
c. Une rumeur
d. Un point de vue
e. Un modérateur

1. C'est une nouvelle qui se répand de manière incontrôlable.
2. C'est une discussion organisée et dirigée.
3. C'est la personne qui assure le bon déroulement d'un débat.
4. C'est l'idée que chacun peut donner son avis.
5. C'est l'opinion, la façon de penser d'une personne.

COMPRÉHENSION ÉCRITE

2 Lisez ce texte et répondez aux questions.

Se préparer au concours d'éloquence

Le pouvoir des mots, concours organisé par la ville de Clermont, s'ouvre à tous ces habitants de 16 à 25 ans. Ce concours d'éloquence* va permettre à ces jeunes citoyens de s'exprimer en public et de montrer leur talent. (…)

Les jeunes s'inscrivent pour participer à la finale du 17 décembre mais ont la possibilité de participer aux ateliers de préparation. « Ils ne sont pas obligés d'être là à chaque fois mais plus ils s'entraîneront, plus ils seront à l'aise le jour des finales », assure Léa Vasseur. Durant les ateliers, un intervenant spécialisé (avocat, comédien…) viendra aider les jeunes à travers différents thèmes comme : comment gérer son trac ou perfectionner son élocution*. « Le théâtre de la ville participera également avec un atelier de mise en situation et gestuelle du corps », poursuit Léa Vasseur. Jusqu'au dernier moment, les jeunes seront coachés. Vendredi 17 décembre, les qualifications et la finale se dérouleront devant un jury qui notera les participants en fonction de certains critères d'évaluation. Pour le moment, aucun thème n'a été choisi. Les jeunes le définiront ensemble, en fonction des sujets d'actualité.

*l'éloquence = l'art de bien parler
**l'élocution = la manière de bien parler en articulant correctement.

D'après Justine Esteve, *Le Bonhomme Picard*, novembre 2021

a. *Le pouvoir des mots* est un concours d'éloquence qui propose aussi des ateliers pour apprendre à débattre.
Vrai ☐   Faux ☐

b. Quels types d'intervenants participent aux ateliers de préparation ?
....

c. Quel sera le thème du concours d'éloquence ?
....
....

COMPRÉHENSION ORALE

3 🔊 **45** **Écoutez et répondez aux questions.**

a. Quel est le thème du débat ?
   1. Les fake news sur les réseaux sociaux ☐
   2. L'accès aux réseaux sociaux des moins de 18 ans ☐
   3. L'isolement des jeunes ☐

b. Monsieur Adam est contre l'utilisation des réseaux sociaux pour les moins de 18 ans.
   Vrai ☐   Faux ☐

c. Pour Madame Vic, qu'est-ce qui est important ?
....
....

PRODUCTION ÉCRITE

4 **Vous lisez cette publication sur un réseau social. Réagissez et donnez votre opinion.**

> Pourquoi « il faut qu'on parle » ? Les débats ne servent à rien ! On parle, on parle, on ne fait que parler. On écoute les autres, chacun donne ses idées, se répond… Il faut écouter les idées de chacun ! Moi je déteste devoir écouter les opinions des autres ! De toutes façons, c'est simple : je suis le seul à avoir raison !
>
> 👍 J'aime   💬 Commenter   ↗ Partager

....
....
....
....
....
....

PRODUCTION ORALE

5 **Répondez aux questions.**

a. Aimez-vous débattre avec vos amis, vos proches ?
b. Quels sujets font partie des débats actuellement dans votre pays ?
c. Pourriez-vous participer à des débats publics ?

BILAN GRAMMAIRE

1 Nominalisez les mots entre parenthèses pour compléter ces titres d'articles.

a. .... (*interviewer*) d'un journaliste à propos de son métier.

b. Ce week-end : .... (*présent*) insolite de grenouilles en ville !

c. .... (*paniqué*) de la foule pendant une manifestation.

d. .... (*voler*) d'identités sur Internet : que faire ?

e. .... (*prendre*) de risques par le SC Bastia pendant le match !

f. .... (*censuré*) sur les réseaux sociaux ?

g. Débat sur la presse avec .... (*lire*) d'infox.

2 Transformez ces phrases à la voix passive.

a. Internet diffuse rapidement les fausses informations.

b. Demain, ce journal publiera un article très intéressant.

c. Des sources inconnues ont confirmé cette information.

d. Pendant tout le week-end, on va débattre sur la question des réseaux sociaux.

e. La génération de mes grands-parents lisait plus la presse papier.

f. Des journalistes auraient découvert cette information grâce à la police.

g. Les médias avaient fabriqué des fake news pour amuser leurs lecteurs.

3 Avec ces mots, racontez un fait divers en utilisant la voix passive. Attention aux accords !

a. bijoux – voler – journée

b. cambrioleurs – apercevoir – témoins

c. photo – poster – réseaux sociaux

d. police – arrêter – au coin de la rue

4 Complétez ces phrases avec les indicateurs de temps qui conviennent (*la veille, le lendemain*).

a. Mme Burda s'est aperçue du vol de ses perroquets lundi matin. .... au soir, elle les avait entendus faire du bruit. Heureusement, ... ils ont été trouvés dans le parc de la ville.

b. Un débat a eu lieu à propos des réseaux sociaux, j'y suis allé. .... mon opinion n'était pas claire, je n'y avais pas vraiment réfléchi. Mais ...., j'avais bien compris les choses, et j'en ai beaucoup parlé avec mes amis.

Unité 8 • L'info en continu

BILAN VOCABULAIRE

1 Reliez ces mots à leur définition.
- a. Les médias
- b. Un podcast
- c. Un éditorial
- d. Une revue de presse

1. C'est une émission de radio.
2. C'est une comparaison d'articles provenant de différents médias.
3. Ce sont tous les moyens qui diffusent de l'information.
4. C'est l'article majeur d'un journal qui exprime une opinion.

2 Complétez ces phrases avec les expressions suivantes.
(une) fake news – (une) interview – (un) scoop – diffuser – (la) censure

a. Les journalistes essaient d'arriver en premier sur les lieux pour avoir un ....
b. Il faut bien lire les commentaires et les légendes des vidéos pour vérifier que ce n'est pas une ....
c. Elle a pu l'interroger durant 1 heure, cette .... a fait le tour des médias.
d. La liberté d'expression lutte contre la ....
e. Les réseaux sociaux .... de nombreuses vidéos d'actualité.

3 Complétez ces phrases.
a. Le journaliste affirme que ....
b. D'après les médias, ...
c. La presse parle beaucoup du problème de ....
d. C'est un thème qui fait polémique, c'est ....

4 Complétez ce débat avec les expressions suivantes.
selon – (un) avis – (une) polémique – (une) opinion – intervenir

Le modérateur : Chacun d'entre vous pourra exprimer son .... sur le thème d'aujourd'hui. Vous devrez .... sans couper la parole aux autres participants. Vous pouvez commencer.

Participant 1 : Je vous remercie. .... moi, il n'y a pas de .... à avoir à ce sujet, n'est-ce pas ?

Participant 2 : Je ne suis pas tout à fait d'accord. À mon ...., ce sujet fait justement débat car vous n'acceptez pas que l'on puisse penser autrement que vous.

Participant 1 : Oh, je suis choqué ! .... moi, bien sûr que chacun peut avoir sa propre .... personnelle ! Même si, bien sûr, j'ai généralement raison !

ENTRAÎNEMENT AU DELF B1

COMPRÉHENSION ORALE

46 Écoutez et répondez aux questions.

a. Que peut-on faire en s'inscrivant sur la plateforme « L'étoile du jour » ?
   1. Débattre des sujets de société. ☐
   2. Participer à un média d'information. ☐
   3. Recevoir des actualités quotidiennes. ☐

b. D'après Arnaud, il est difficile...
   1. de contacter les lieux culturels d'une ville. ☐
   2. d'organiser des activités de loisirs ayant du public. ☐
   3. de trouver des informations sur les événements locaux. ☐

c. Selon Arnaud, la presse régionale...
   1. ne détaille pas assez les sujets écologiques. ☐
   2. ne parle pas assez des initiatives citoyennes. ☐
   3. ne s'intéresse pas assez aux problèmes des habitants. ☐

d. Que fait « L'étoile du jour » pour éviter les fausses informations ?
   1. Une modération collective. ☐
   2. Un espace de débat citoyen. ☐
   3. Une vérification des informations. ☐

e. Que permettra aux étudiants en journalisme le partenariat avec leur école ?
   ....
   ....
   ....
   ....
   ....
   ....

COMPRÉHENSION ÉCRITE

Lisez ce texte et répondez aux questions.

Comment parler de l'actu avec les enfants ?

Comment et pourquoi confronter les enfants à l'actualité […] ? « *Avec la radio, les enfants n'ont pas le choc des images, mais sans images, la compréhension est difficile. Ça parle vite et les enfants, avant 10 ans, n'ont pas les outils pour comprendre* », précise Marie-Noëlle Clément, psychiatre […].

Les médias jeunesse n'évitent pas les sujets difficiles, […], mais ils pèsent les mots utilisés et veillent aux images qu'ils peuvent provoquer chez l'enfant. […] Dans la presse jeunesse, les journalistes veillent aussi à mettre en avant des initiatives, tout comme ils n'hésitent pas non plus à rapporter les bonnes nouvelles ! « *La rubrique scientifique permet de mettre en avant des actions positives,* explique Julie Lardon, journaliste et co-fondatrice d'*Albert. C'est essentiel de mettre en avant des évènements qui font rêver […].* »

Dans le bain bouillonnant de l'actualité où une information en chasse une autre, difficile parfois de s'arrêter. Et pourtant ! […] Comme le rappelle Julie Staebler, co-fondatrice du mensuel *Biscoto*, « *la pensée humaine s'élabore lentement. Bien sûr nous avons besoin des informations spontanées mais nous avons aussi besoin de ne pas réagir tout de suite ! Avec un thème par numéro, nous essayons d'être dans un temps plus long […].* » Le temps long, c'est aussi le pari de *DONg !* une revue de longs reportages pour collégiens. « *Les lecteurs sont 20 fois plus informés aujourd'hui qu'hier. Plutôt que de combattre leur manière de s'informer via les outils numériques, nous voulons leur proposer quelque chose de complètement différent.* », explique Raphaëlle Botte, sa rédactrice en chef. Le résultat ? Une revue, entre le magazine et le livre, qui fait la part belle* à l'illustration, aux récits, aux histoires incarnées et aux longs reportages photos. Prendre le temps de comprendre et d'apprendre, prendre plaisir à découvrir, en voilà un beau programme, non ?

*Faire la part belle = privilégier

Sandra Laboucarie, *L'enfant et la vie*, 30 Septembre 2020

a. Pour les enfants, les informations à la radio...
  1. sont trop violentes. ☐
  2. sont trop complexes. ☐
  3. sont trop nombreuses. ☐
b. Les médias jeunesse utilisent un vocabulaire adapté aux enfants.
  Vrai ☐   Faux ☐
c. Dans les médias jeunesse, il y a beaucoup d'informations concernant...
  1. des événements heureux. ☐
  2. des actualités scientifiques. ☐
  3. des activités pour les enfants. ☐
d. Le mensuel *Biscoto* traite de nombreuses actualités dans chaque numéro.
  Vrai ☐   Faux ☐
e. Avec le magazine *DONg !*, les adolescents ....
  1. sont informés sur les outils numériques. ☐
  2. prennent le temps de comprendre un sujet. ☐
  3. apprennent des nouvelles insolites et originales. ☐

PRODUCTION ÉCRITE

D'après vous, faut-il donner des cours d'éloquence à l'école pour apprendre aux enfants à débattre ? (minimum 100 mots)
Exprimez votre opinion.

....
....
....
....
....
....
....
....
....
....
....
....

PRODUCTION ORALE

- **MONOLOGUE SUR L'EXPRESSION D'UN POINT DE VUE**
  Dégagez le thème soulevé par le document et présentez votre opinion sous la forme d'un exposé personnel de 3 minutes environ.

L'ACTUALITÉ EN CONTINU

Aujourd'hui, la majorité des gens ont l'actualité dans leur poche, en continu. Avec une ou des applications de médias, le téléphone affiche régulièrement des notifications pour indiquer une nouvelle actualité.
Cependant, sommes-nous ainsi plus ou mieux, informés ?
Une grande majorité de personnes regarde rapidement ces notifications, lit principalement les gros titres, ou survole rapidement un article. En permanence, nous savons qu'il s'est passé quelque chose, du prochain match de foot au fait divers le plus récent, en passant par de grands événements internationaux. Mais la lecture détaillée d'articles de fond, apportant une vraie connaissance du sujet, a-t-elle vraiment lieu ? Et, à force de lire des titres dramatiques, ou très diversifiés, ne nous concentrons-nous pas plutôt sur les petites actualités de notre quotidien, qui ne passent pas par les notifications des sites liés à l'information ?

UNITÉ 9 — Argent comptant

LEÇON 1 • Ça n'a pas de prix

VOCABULAIRE

1 Complétez ces phrases avec les expressions suivantes.

(un) virement bancaire – (un) découvert – (un) retrait – (des) frais – (un) compte bancaire

a. Demande à ton conseiller bancaire combien de .... mensuels coûtera ta carte de crédit.
b. J'ai reçu mon salaire en retard, je me suis donc retrouvée à ....
c. Pour pouvoir louer un appartement, il faut ouvrir un ....
d. Je dois passer à ma banque pour faire un ...., je n'ai plus de liquide.
e. Mes parents vont me faire un .... pour que je puisse acheter mon vélo.

GRAMMAIRE

2 Lisez ces questions et ces réponses. Comme dans l'exemple, pour chaque phrase, indiquez à quel nom correspond chaque pronom.

Exemple : *Tu as donné le code de ta carte à ton amie ? Oui, je le lui ai donné.*
le = le code de ta carte
lui = à ton amie.

a. Tu as ouvert ton compte dans cette banque ? Oui, je l'y ai ouvert.
   l' = ...   y = ...
b. Vous avez signalé ce découvert à votre banquier ? Oui, je le lui ai signalé.
   le = ...   lui = ...
c. Tu as donné des chèques à ton amie ? Oui, je lui en ai donné.
   lui = ...   en = ...

3 Comme dans l'exemple, répondez aux questions en remplaçant les mots soulignés par un pronom. Attention à la place des pronoms et de la négation.

Exemple : *Ils déposeront le chèque à la banque ?*
Oui, ils l'y déposeront.
Non, ils ne l'y déposeront pas.

a. Vous donnerez mon courrier au responsable de la banque ?
   Oui, ...
   Non, ...
b. Vous m'avez transmis votre formulaire d'ouverture de compte ?
   Oui, ...
   Non, ...
c. Nous expliquons le problème du découvert aux clients ?
   Oui, ...
   Non, ...
d. Tu as donné ta carte bleue à ton ami ?
   Oui, ...
   Non, ...

PHONÉTIQUE

4 🔊 47 Écoutez ces mots. Cochez le son que vous entendez : [ɛ̃], [ɔ̃] ou [ɑ̃].

	[ɛ̃]	[ɔ̃]	[ɑ̃]
a.			
b.			
c.			
d.			
e.			

	[ɛ̃]	[ɔ̃]	[ɑ̃]
f.			
g.			
h.			
i.			

5 🔊 48 Écoutez et répétez les mots.
[ɛ̃] : un – principe – fin – importe – crainte – devient.
[ɔ̃] : selon – compte – conseiller – comporter – convenir – opération.
[ɑ̃] : établissement – étudiant – souvent – client – vente – événement.

6 Écrivez deux phrases avec le plus de sons [ɛ̃], [ɔ̃] et [ɑ̃] possibles. Puis, lisez-les à haute voix.
....
....

COMPRÉHENSION ORALE

7 🔊 49 Écoutez et répondez aux questions.
a. Quel est le sujet de cette discussion ?
....
b. Le fils souhaiterait avoir une carte bancaire spécifique.
   Vrai ☐   Faux ☐
c. Pourquoi la mère apprécie-t-elle moins les banques en ligne ?
....

PRODUCTION ÉCRITE

8 Vous avez un problème de découvert ce mois-ci et devez payer de nombreux frais bancaires. Vous écrivez à un ami pour lui demander des conseils pour améliorer votre situation.
....
....
....

PRODUCTION ORALE

9 Répondez aux questions
a. Est-ce que l'argent est important pour vous ?
b. Êtes-vous économe ou plutôt à découvert à la fin du mois ?
c. Décrivez votre banque idéale.

UNITÉ 9

LEÇON 2 • À cours d'argent ?

VOCABULAIRE

1 Reliez ces expressions à leur définition.

a. Une dette
b. Un héritage
c. Un prêt
d. Un coup de main
e. Une réduction

1. C'est le patrimoine que l'on laisse après sa mort.
2. C'est une aide qui vient de l'extérieur.
3. C'est une baisse de prix.
4. C'est l'argent que l'on doit à quelqu'un d'autre.
5. C'est un emprunt bancaire qui sert à financer un projet.

GRAMMAIRE

2 Complétez les phrases en indiquant une conséquence. Utilisez chacune des expressions suivantes.

alors – donc – c'est pourquoi – par conséquent – voilà pourquoi

a. J'ai trouvé un trésor ! ....

b. Il n'achète que les choses en promotion, ...
....

c. J'ai un très bon salaire, ...

d. J'ai fait mes comptes : j'ai dépensé trop d'argent ce mois-ci. ....
....

e. Il a acheté une nouvelle maison, trop chère, ...

COMPRÉHENSION ORALE

3 🔊 50 Écoutez et répondez aux questions.

a. Des jouets de seconde main signifie :
  1. Des jouets en solde ☐
  2. Des jouets qui ne sont pas neufs ☐

b. Le grand-père souhaite acheter des jouets en réduction.
  Vrai ☐   Faux ☐

c. Pourquoi la mère souhaite acheter des jouets de seconde main ?
....
....
....

d. Le grand-père apprécie les idées de la mère.
  Vrai ☐   Faux ☐

102 Unité 9 • Argent comptant

COMPRÉHENSION ÉCRITE

4 Lisez ce texte et répondez aux questions.

Si je trouve un trésor...

À qui appartient-il ?

– Si vous trouvez vous-même un trésor dans votre propriété, il vous revient dans sa totalité.
– Si vous trouvez un trésor sur un terrain ou dans une maison qui ne sont pas à vous, le trésor doit être partagé par moitié entre vous (le découvreur) et le propriétaire des lieux.
– Si votre découverte intervient dans un lieu public (un jardin par exemple), 50 % du trésor vous reviendra et 50 % au propriétaire qui pourrait être la ville par exemple.

Quelles démarches si vous découvrez un bien « culturel » ?

Dans le cas de découverte de biens dits « culturels », il y a des règles spécifiques à respecter même si cette découverte a lieu sur votre propriété. Vous devez obligatoirement informer la mairie de votre découverte susceptible de présenter un intérêt archéologique ou historique afin de permettre à l'État de poursuivre les recherches. L'État peut en disposer pour cinq années maximum puis le restituer ou même vous le racheter. C'est vrai aussi pour les éventuels trésors trouvés sous l'eau !

D'après Béatrice Quintin, *La voix du Nord*, le 29/06/2021

a. Dans quel cas un trésor que vous trouvez vous appartient-il à 100 % ?

....
....

b. On ne possède pas entièrement un trésor qu'on trouve sur une plage.
   Vrai ☐   Faux ☐

c. Si on découvre un trésor « culturel », on n'est pas obligé de le déclarer.
   Vrai ☐   Faux ☐

PRODUCTION ÉCRITE

5 Vous avez joué au Loto, et vous avez gagné une très grosse somme d'argent.
Racontez les conséquences de ce gain : que faites-vous avec tout cet argent ? Pourquoi ?

....
....
....
....
....
....

PRODUCTION ORALE

6 Répondez aux questions.
   a. Êtes-vous parfois radin(e) ?
   b. Comment faites-vous des économies au quotidien ?
   c. Prêtez-vous facilement de l'argent ?

Argent comptant • Unité 9

UNITÉ 9

LEÇON 3 • Consommer autrement

VOCABULAIRE

1 Complétez les phrases avec ces expressions.
consommer – (un) produit – seconde main – (un) distributeur automatique – locavore(s)

a. Il faut que je passe au .... pour retirer des sous.

b. Les .... vérifient toujours l'origine des aliments qu'ils achètent.

c. Il faudrait .... moins de viande pour économiser sur son budget alimentaire.

d. J'achète des vêtements de .... par écologie et par économie.

e. Ils achètent des .... locaux pour éviter la pollution des transports.

GRAMMAIRE

2 Complétez ce texte avec les expressions de quantité suivantes. Attention, parfois plusieurs expressions sont possibles !
plusieurs – quelques-un(e)s – certain(e)(s).

Dans ma ville, au marché, il y a .... producteurs locaux qui viennent vendre leurs produits. .... viennent des villages autour, d'autres viennent de la région voisine. .... ne vendent que des légumes, d'autres vendent aussi des fruits. En ce moment, c'est le début de la saison des pommes. Un producteur m'en a fait goûter .... : elles étaient délicieuses ! Je lui en ai acheté .... kilos. .... sont un peu abîmées, mais je les ai utilisées pour faire un gâteau. .... fruits paraissent toujours abîmés ou laids, mais leur goût reste très bon ! D'ailleurs, j'ai déjà mangé presque toutes les pommes que j'avais achetées, il ne m'en reste que .... !

COMPRÉHENSION ORALE

3 🔊 51 Écoutez et répondez aux questions.

a. Est-ce que Paul mange beaucoup de viande ?
....

b. Paul achète sa viande au supermarché.
   Vrai ☐   Faux ☐

c. Qu'est-ce que Paul se fait livrer une fois par mois ?
....

Unité 9 • Argent comptant

COMPRÉHENSION ÉCRITE

4 Lisez ce texte et répondez aux questions.

Quelle application pour vendre et trouver des livres de seconde main ?

C'est une situation vécue par tout le monde : on achète un bouquin, on le lit, puis on le range dans la bibliothèque. On ne prend ensuite jamais la peine de le feuilleter à nouveau... Vous préférez lui donner une nouvelle vie ? Et si vous gagnez de l'argent, c'est encore mieux ? Pour cela, téléchargez l'application qui permet de vendre ou d'acheter des livres en seconde main : Momox.
Momox est un service de vente en ligne de CD, DVD, vinyles ou livres. Pour l'utiliser, rien de plus simple : après l'avoir téléchargée, lancez l'application. Acceptez alors l'accès à votre appareil photo : pour vendre un livre, vous devez photographier son code-barre*. Une fois celui-ci enregistré, un prix fixe est proposé par Momox : s'il vous convient, acceptez la vente. Vous pouvez ensuite entrer de nouveaux codes-barres si vous souhaitez vendre d'autres articles ou bien finaliser la vente.
Les articles vendus doivent être envoyés par la poste sans frais. Une fois le colis reçu, Momox verse la somme convenue sur votre compte bancaire. Momox étant un site de vente en ligne reconnu, il n'y a pas de risque de se faire arnaquer** par un acheteur mal intentionné.

*un code-barre = le symbole qui indique le prix sur les produits.
**arnaquer = escroquer, tromper

D'après Soline De Groeve, *Femmes d'aujourd'hui*, le 11/06/2020

a. Qu'est-ce que l'application Momox ?

....

b. Il suffit de photographier le code-barre du livre que l'on souhaite vendre.
   Vrai ☐   Faux ☐

c. Momox vend en seconde main :
   1. des livres   ☐
   2. des vêtements   ☐
   3. des colis   ☐
   4. des CD   ☐

PRODUCTION ÉCRITE

5 Vous êtes producteur de fruits et légumes. Vous vendez directement dans votre ferme, et au marché de la ville voisine le mercredi matin.
Vous écrivez un petit article dans la presse locale pour donner envie aux personnes de votre région d'acheter vos produits locaux.

....
....
....
....
....

PRODUCTION ORALE

6 Répondez aux questions.
   a. Achetez-vous des produits de seconde main ? Lesquels ?
   b. Quels sont vos conseils pour faire des économies en faisant ses courses ?
   c. Achetez-vous local ?

UNITÉ 9

LEÇON 4 • Faire les comptes

VOCABULAIRE

1 Reliez chaque expression à sa définition.
- a. Faire les comptes
- b. Dépenser
- c. Négocier
- d. Récompenser

1. Marchander un juste prix
2. Consommer en dépensant son argent
3. Accorder une faveur en remerciement
4. Calculer ses dépenses et ses recettes

2 Complétez le texte avec les expressions suivantes.

négocier – établir un budget – (un) coût – faire les comptes – (des) dépenses

Pour organiser ce week-end, nous allons devoir nous organiser. Je veux bien ....,
je prendrai en compte le logement et les activités mais pour les courses, nous devrons .... après.
Chacun me transmettra ses .... Pour le logement, nous pouvons essayer
de .... les prix avec nos différents contacts car nous sommes hors saison.
Le .... global ne devrait pas dépasser 200 euros en dehors des courses.
Tout le monde est d'accord ?

COMPRÉHENSION ORALE

3 🔊 52 Écoutez et répondez aux questions.

a. Tom va organiser à France une fête …
   1. de son côté. ☐
   2. en ligne. ☐
   3. surprise. ☐

b. Tom va utiliser une application pour faire les comptes pour les courses de la fête.
   Vrai ☐   Faux ☐

c. Chacun doit envoyer à Tom …
   1. ses dépenses. ☐
   2. ses crédits. ☐
   3. son RIB. ☐

d. De quelle façon vont-ils rassembler l'argent pour le cadeau ?
   ....

e. La bague que Tom voudrait offrir à France demande un petit budget.
   Vrai ☐   Faux ☐

COMPRÉHENSION ÉCRITE

4 Lisez ce texte et répondez aux questions.

Vol de 8 tonnes de courges en Isère : une cagnotte solidaire pour aider les producteurs

Mardi 12 octobre, Amanda et Wilfried, maraîchers* installés sur la commune de Brangues, ont perdu la moitié de leur production en une nuit.

Ce couple de maraîchers isérois s'est fait voler 3 000 courges en une nuit, soit 8 tonnes de légumes et la moitié de leur production annuelle. Des proches et des voisins proposent, pour les soutenir, d'acheter des courges** virtuelles.

« Le montant des pertes est donc colossal*** avec de lourdes conséquences sur l'activité future de nos maraîchers préférés puisqu'il s'élève de 15 000 € à 20 000 € » expliquent les initiateurs de la cagnotte**** solidaire.

Les personnes qui souhaitent soutenir la ferme des 4 saisons sont donc invitées à participer à une cagnotte en ligne pour acheter des courges virtuelles. Les commerçants locaux sont également appelés à poser des petits points de collecte dans leur boutique et les voisins sont encouragés à venir se réapprovisionner à la ferme.

Alexandra Marie, *France 3 Rhône-Alpes*, le 18/10/2021

*un maraîcher = un producteur de légumes
**une courge = un légume
***colossal(e) = gigantesque
**** une cagnotte = de l'argent mis en commun

a. Amanda et Wilfried se sont fait voler une partie de leur production.
   Vrai ☐   Faux ☐

b. Quelle solution pour les aider a été trouvée par leurs proches et leurs voisins ?
   1. Ils ont négocié. ☐
   2. Ils ont créé une cagnotte. ☐
   3. Ils ont acheté des courges. ☐

c. Quelles autres solutions sont proposées pour aider les maraîchers ?
   ....
   ....

PRODUCTION ÉCRITE

5 Vous avez acheté votre vélo à un ami qui revendait le sien. Cependant, ce vélo ne fonctionne pas aussi bien qu'il vous l'avait présenté. Il y a de nombreuses réparations à faire. Le prix que vous avez payé vous semble cher. Vous écrivez à votre ami pour négocier avec lui une solution pour vous faire rembourser une partie du prix du vélo / et ou recevoir quelque chose en échange.

....
....
....
....
....

BILAN GRAMMAIRE

1 Complétez ces phrases en utilisant les doubles pronoms. Regardez les noms soulignés pour trouver quels pronoms utiliser.

a. J'avais emprunté <u>de l'argent</u> <u>à un ami</u>. Ça y est, je .... ai rendu.

b. Il a acheté <u>de beaux vêtements</u> à un grossiste pour les vendre <u>dans sa boutique</u>. Dès le lendemain, il .... avait vendus !

c. Camille <u>m'</u>a offert <u>un cadeau</u> hier soir. Pourtant, elle .... avait déjà offert un autre la semaine dernière !

d. J'ai enfin eu <u>un rendez-vous</u> avec <u>mon banquier</u>. Je .... avais demandé il y a déjà plusieurs semaines !

e. <u>Le producteur</u> m'a déjà livré <u>mes 5 kilos de pommes de terre</u>. Je .... avait commandé seulement hier.

2 Complétez les phrases en indiquant une conséquence. Utilisez chacune des expressions suivantes.
alors – donc – c'est pourquoi – par conséquent – voilà pourquoi

a. J'aime manger des produits frais. ....

b. Il m'a remboursé via une application, ...

c. Elle est souvent endettée, ...

d. Nous avons acheté ces outils en groupe. ....

e. Vous m'avez invité la dernière fois, ...

3 Complétez ce dialogue avec les expressions de quantité suivantes. Attention, parfois plusieurs expressions sont possibles !
plusieurs – quelques-un(e)s – certain(e)(s)

Vendeuse : Bonjour Monsieur !

Client : Bonjour ! Je vois que vous avez encore .... des nouvelles figues !

Vendeuse : Oui, elles ont eu du succès aujourd'hui ! On m'en a acheté .... barquettes, mais il m'en reste encore .... !

Client : Et vous avez du raisin ?

Vendeuse : Oui, il vient de nos vignes ! Regardez, il y a .... variétés.

Client : Oui, je crois que j'en connais ...., mais pas toutes !

Vendeuse : Je vous conseille celle-là, particulièrement sucrée ! Vous en voulez combien ?

Client : Donnez-moi 5 ou 6 grappes.

Vendeuse : Allez, comme c'est la fin du marché, je vous en offre 2 en plus ! Il y a .... grains qui sont un peu abîmés...

Client : Merci beaucoup !

BILAN VOCABULAIRE

1 Reliez ces expressions à leur définition.

a. Un crédit
b. Rentable
c. Un virement
d. Un héritage
e. Une dette

1. C'est un transfert d'argent d'un compte à un autre.
2. Qui est avantageux, qui donne des bénéfices.
3. C'est une somme d'argent que l'on doit.
4. C'est une somme d'argent que la banque vous prête.
5. C'est une succession qu'on reçoit à la mort de quelqu'un.

2 Complétez les phrases suivantes avec ces verbes.
consommer – épargner – dépenser – rembourser

a. J'essaie de .... moins en achetant moins de vêtements pour économiser.
b. Elle .... tout son salaire, elle se retrouve à découvert alors que l'on est seulement le 15.
c. Elle m'avait prêté de l'argent pour que je puisse payer mon billet, je dois la .... maintenant.
d. Il a une petite retraite mais heureusement, il .... toute sa vie.

3 Complétez ce texte avec les expressions suivantes.
(une) carte bancaire – (un) découvert – (des) frais – (un) compte bancaire – (un) retrait

Je suis allé à la banque pour ouvrir un .... Ils m'ont proposé une formule spéciale pour les étudiants qui permet d'avoir une .... offerte. Elle me permettra de faire des .... dans toutes les banques et je peux aussi avoir un .... de 600 € sans .... Je pense que c'est la formule la plus adaptée à mon mode de consommation.

4 Devinettes.

a. Comment s'appelle un magasin où on peut acheter des vêtements d'occasion ?
   Une F — — — — — E.

b. Comment s'appelle la machine où l'on peut retirer de l'argent ?
   Un D — — — — — — — — R A — — — — — — — — E.

c. Quelle expression signifie une bonne affaire ?
   Un B — N P — — N.

d. Comment peut-on appeler une découverte incroyable ?
   Un T — — — R.

e. Comment peut-on appeler un article qui est revendu ?
   Un article de S — — — — — E M — — N

ENTRAÎNEMENT AU DELF B1

COMPRÉHENSION ORALE

53 Écoutez et répondez aux questions.

a. La femme a décidé de ne pas acheter de cadeaux, car...
   1. ils lui semblent inutiles. ☐
   2. sa famille les apprécie peu. ☐
   3. elle n'a pas assez d'argent. ☐

b. Que va-t-elle offrir ?
   ....

c. Quel problème voit l'homme dans ce type de cadeaux ?
   1. Ils ont l'air trop économiques. ☐
   2. Ils prennent du temps à réaliser. ☐
   3. Ils demandent des talents spécifiques. ☐

d. Que conseille la femme d'offrir à son frère ?
   1. Des services personnels. ☐
   2. Un petit séjour en famille. ☐
   3. Des jeux pour ses enfants. ☐

e. Que voudrait faire l'homme avec ses parents ?
   1. Leur donner un cours de jardinage. ☐
   2. Les aider à s'occuper de leur jardin. ☐
   3. Les amener se reposer à la campagne. ☐

COMPRÉHENSION ÉCRITE

Lisez le texte et répondez aux questions.

Finance solidaire : les Français sont encore mal informés

La majorité des épargnants* français (59 %) accordent de l'importance à l'impact positif de leurs placements sur l'environnement et la société. Encore faut-il savoir où placer son argent pour que cette préoccupation trouve un résultat. Or, les Français restent encore mal informés des outils financiers solidaires ou responsables. (…)

Sans surprise, seulement 7 % des épargnants ont déjà investi dans un fonds ISR (Investissement Socialement Responsable), alors même que 26 % seraient prêts à le faire. Le rôle du conseiller bancaire ou financier apparaît dans ce domaine tout à fait capital : 65 % des épargnants pensent que c'est lui qui pourrait le mieux les informer sur l'investissement socialement responsable, loin devant les proches, la famille ou les pouvoirs publics (8 % chacun). Or ces derniers ne se montrent pas particulièrement motivés. Seulement 8 % des personnes possédant au moins un produit d'épargne se sont vu proposer un produit d'ISR par leur banque ou leur conseiller…

Dans les domaines repérés comme devant être prioritaires pour les investissements responsables, les épargnants mettent d'abord en avant la lutte contre les pollutions, suivie des droits humains et de l'emploi.

D'après Emmanuelle Réju, *La Croix*, le 07/11/2021

*un épargnant = une personne qui économise de l'argent à la banque

a. La plupart des épargnants français pensent qu'il est important que les placements financiers aient un impact positif.
   Vrai ☐   Faux ☐

b. Les Français sont mal informés sur …
   1. les placements financiers solidaires ou responsables. ☐
   2. les placements financiers avec beaucoup de résultats. ☐

c. Que signifie un ISR (Investissement Socialement Responsable) ?
   1. Un produit financier qui donne de l'argent aux associations. ☐
   2. Un produit financier qui respecte notamment l'écologie et la société. ☐

d. Qui d'après les épargnants pourrait les aider à investir dans des ISR ?
   ....

e. Dans quels domaines les épargnants souhaiteraient-ils investir ?
   ....

PRODUCTION ÉCRITE

> Bonjour,
>
> Comment vas-tu ?
>
> C'est décidé, pour l'anniversaire de Liam, nous allons tous partir en week-end. Donc, nous serons 10 personnes, on a voté pour partir à Marseille pour pouvoir faire de la plongée ou du bateau et surtout des bons restos.
>
> Je ne sais pas comment prévoir toutes les dépenses et planifier le budget et comme tu es bon pour ça, est-ce que tu peux t'en occuper ?
>
> Il faudrait juste que tu me dises quelles seront les dépenses à effectuer et comment on peut s'organiser entre nous tous pour faire les comptes.
>
> Merci d'avance de t'occuper de ça. De mon côté, je cherche des idées pour un logement.
>
> Bonne journée !
>
> Bises
>
> Emma

Vous répondez à votre amie Emma en détaillant les dépenses nécessaires au week-end organisé pour l'anniversaire de Liam ainsi que l'organisation nécessaire pour réaliser le budget. (100 mots minimum)

PRODUCTION ORALE

- **MONOLOGUE SUR L'EXPRESSION D'UN POINT DE VUE**

  Dégagez le thème soulevé par le document et présentez votre opinion sous la forme d'un exposé personnel de 3 minutes environ.

  Mettez-vous dans les conditions de l'examen : vous avez 10 minutes pour lire le sujet et noter sur votre brouillon vos idées principales.

LES MAGASINS SANS ARGENT

Un très bon exemple d'une économie de la gratuité : le Magasin pour rien. Ouverte en 2009 à Mulhouse à l'initiative de la Maison de la citoyenneté mondiale, cette boutique était la première en France à proposer des articles gratuits. Ici, chaque citoyen, riche ou pauvre, peut prendre un à trois objets gratuitement, en échange d'un sourire. Difficile à imaginer dans notre société basée sur l'argent, la rareté et le profit ? Pas tant que ça… Ce modèle de magasin sans argent ni troc existe en fait dans de nombreux pays, et s'est vraiment répandu dans toute la France.

Idéal pour trouver des cadeaux ou des objets nécessaires au quotidien, en préservant les ressources, qu'elles soient naturelles ou financières.

UNITÉ 10 — S'engager pour la planète

LEÇON 1 • Il y a toujours une solution

VOCABULAIRE

1 Trouvez les synonymes des mots suivants.

a. Autonome
b. Une hausse
c. Un déchet
d. Le recyclage
e. S'engager

1. Une ordure
2. S'impliquer
3. La récupération
4. Autosuffisant(e)
5. Une augmentation

2 Complétez les phrases avec les expressions suivantes.

réfugié(e) climatique – énergie renouvelable – réchauffement climatique – génération – éolienne.

a. C'est une machine qui récupère l'énergie du vent, c'est une ....

b. C'est le phénomène de hausse des températures de la Terre, c'est le ....

c. C'est une personne qui doit quitter son pays du fait de problèmes environnementaux, c'est un(e) ....

d. C'est un groupe de personnes vivant durant la même époque c'est une ....

e. C'est une énergie qui provient d'une source naturelle et inépuisable, c'est une ....

GRAMMAIRE

3 Complétez les phrases avec l'expression du but qui convient.

afin de – pour – afin que – pour que

a. Rémi a créé une association .... il y ait plus d'entraide dans son quartier.

b. La mairie de ma ville organise de nombreux ateliers .... enseigner le tri des déchets aux habitants.

c. Que peut-on faire .... réduire le réchauffement climatique ?

d. J'ai inscrit ma grand-mère à l'association « Voisins solidaires » .... elle se sente moins seule.

COMPRÉHENSION ORALE

4 🔊 54 Écoutez et répondez aux questions.

a. Quelle est la première action que Julien a mis en place ?

b. Quelles sont les autres actions que Julien a mis en place par la suite ?

c. Quels sont les avantages de ces actions écologiques d'après Julien ?

PHONÉTIQUE

5. 🔊 55 Écoutez ces mots. Indiquez si vous entendez le son [u] ou le son [y].

	[u]	[y]
a.		
b.		
c.		
d.		
e.		
f.		
g.		
h.		
i.		
j.		

6. 🔊 56 Écoutez et répétez ces mots.

a. la population – b. la pollution – c. un réfugié – d. l'ONU – e. pouvoir – f. soutenir – g. les ressources – h. renouvelable – i. la température – j. la poubelle – k. naturelle – l. toujours.

COMPRÉHENSION ÉCRITE

7. Lisez le texte et répondez aux questions.

À quand des colocations seniors-étudiants en maison de retraite ?

À Montpellier, des jeunes sont logés en maison… de retraite. Le centre communal d'action sociale (CCAS) de la municipalité a rénové les appartements de fonction de cinq établissements d'hébergement pour personnes âgées dépendantes (Ehpad) inoccupés par leur directeur, afin de loger des étudiants en colocation. En échange d'un loyer modéré, les jeunes s'engagent à animer, trois heures par semaine, des ateliers (lecture, création d'un blog, jeux de société, décryptage de l'actualité…) auprès des anciens. L'initiative permet à la fois de rompre l'isolement des personnes âgées et de lutter contre les difficultés financières des jeunes. Tout en préservant la tranquillité des premiers et le rythme de vie des seconds, puisque le logement est mitoyen à l'Ehpad.

La solitude des seniors et la précarité* étudiante étant pires à Paris, cette solution pourrait-elle être transposée dans la capitale ? (…) « Un toit en partage » propose aux personnes âgées bénéficiant d'un logement social d'accueillir à leur domicile un jeune en mal de** logement, dans une chambre laissée vacante*** par un enfant. Comme le confie l'une des pensionnaires de Montpellier, âgée de 88 ans, « les étudiants nous apportent de la gaieté et de l'énergie. Ils nous ouvrent aussi au présent. C'est plaisant, parce que les vieux ne parlent que du passé. »

Aude Raux, Télérama, publié le 31/12/19 mis à jour le 15/07/20

*la précarité = la situation fragile
** en mal de = en manque de
*** vacante = disponible

a. Où pourront être logés les jeunes à Montpellier et à Paris ?

....

b. Quels avantages offre cette solution aux jeunes ?

....

c. Quels avantages offre cette solution aux anciens ?

....

UNITÉ 10

LEÇON 2 ▪ SOS Animaux en danger

VOCABULAIRE

1 Associez ces mots à leur définition.

a. Une espèce menacée
b. Une réserve
c. Le braconnage
d. Une association
e. Le bénévolat

1. C'est un lieu conçu pour protéger les animaux.
2. C'est un groupe de personnes réuni autour d'un projet.
3. C'est un animal ou un végétal qui est en danger de disparition.
4. C'est le fait de travailler sans rémunération.
5. C'est une pratique illégale de la chasse.

2 Complétez ces phrases.

a. Je suis indigné(e) que ....

b. Mes parents sont choqués par ....

c. C'est émouvant que ....

d. Je suis inquiet(ète) par ....

e. C'est formidable que ....

COMPRÉHENSION ORALE

3 🔊 57 Écoutez et répondez aux questions.

a. Quel est le sujet de cet enregistrement ?
....
....

b. Pourquoi le lynx est une espèce animale importante ?
....
....

c. Par qui le lynx pourrait-il être menacé ?
....
....

COMPRÉHENSION ÉCRITE

4 Lisez le texte et répondez aux questions.

L'abandon : une rupture difficile

Selon la Société protectrice des animaux (SPA), 100 000 chiens et chats seraient abandonnés, en France, chaque année. Qu'ils soient retrouvés attachés à un poteau le long d'une route ou déposés à la porte d'un refuge*, l'abandon est toujours difficile à supporter pour eux. Ils ont besoin de temps pour se remettre de cette épreuve. « Nous ne sommes pas dans leur tête, prévient [...] la comportementaliste animalière Claire Bentolila, mais les chats et les chiens sont des êtres sociaux, capables de tisser des liens avec leur propriétaire. Il est toujours dur de briser cette relation. ». Si elle précise que les chiens « vivent le moment présent », et ont la capacité « de s'adapter à de nouvelles situations », certains peuvent « chercher leur précédent maître pendant plusieurs jours. »
Du côté des chats, Marion Rufflé, comportementaliste animalière et auteur d'un blog sur les chats, note deux comportements possibles à la suite d'un abandon. Option un : le chat va « devenir méfiant et mettra du temps à accorder sa confiance à ses prochains maîtres. » Option deux : le chat s'accrochera de toutes ses forces à sa prochaine famille d'adoption « par peur » d'être de nouveau délaissé, mais au risque de développer [...] un stress important « à chaque fois que ses propriétaires quitteront son environnement. » [...] Quand on adopte un animal dans un refuge, il faudra ensuite laisser du temps à ce nouveau venu, dont on ne connaît pas les conditions de vie avant son abandon. « Votre chat pourra se sentir immédiatement à l'aise chez vous, comme mettre plusieurs semaines ou plusieurs mois, souligne Marion Rufflé. Il aura besoin d'un environnement adapté et de personnes patientes qui ne s'attendront pas à avoir une peluche entre les mains, car ce n'est généralement pas le cas. » Le calme et la compréhension seront essentiels pour en faire un colocataire pour la vie.

D'après « Des ruptures vraiment pas wouf », Alexis Moreau, *20Minutes Magazine*, 22/11/2018.

* un refuge pour les animaux : un lieu, souvent géré par une association, qui accueille les animaux abandonnés.

a. Pourquoi l'abandon est-il difficile pour les chiens et les chats ?
....

b. Comment les chats adoptés réagissent-ils ? Pourquoi sont-ils stressés quand leurs propriétaires partent en vacances ?
....

c. Quand on adopte un animal, comment faut-il se comporter ?
....

PRODUCTION ÉCRITE

5 Vous écrivez à *20Minutes Magazine*, à propos de l'article sur l'abandon des animaux domestiques. Vous avez adopté un chat ou un chien : vous racontez votre expérience. Vous donnez votre opinion sur l'abandon des animaux domestiques.

....
....
....
....

PRODUCTION ORALE

6 Répondez aux questions.

a. Quelles espèces animales ou végétales sont menacées dans votre pays ?

b. Que pensez-vous de la chasse ?

c. Les artistes peuvent-ils aider les écologistes ?

UNITÉ 10

LEÇON 3 • Au plus près de la nature

VOCABULAIRE

1 **Complétez le texte avec les expressions suivantes.**
(un) refuge – (le) changement climatique – (la) déforestation – (la) forêt amazonienne – (la) faune – (les) animaux sauvages

L'association Espoir Cayenne est une association qui a pour but de promouvoir le patrimoine guyanais en sensibilisant le public, notamment les enfants à travers des ateliers pédagogiques, à la préservation de la ...., de sa ...., et de sa flore ainsi que de ses habitants. En effet, la ...., l'orpaillage et le .... bouleversent cet écosystème. Espoir Cayenne souhaite construire un .... pour les .... victimes de ce monde nouveau.

GRAMMAIRE

2 **Soulignez l'expression d'opposition qui convient.**
a. Dans cette forêt, il y a une faune très riche, avec de nombreux animaux *au contraire / alors que*, là où j'habite, ces animaux ont disparu.
b. *Au contraire / Alors que* ma région veut protéger cette forêt, des entreprises la détruisent pour y construire des immeubles.
c. *Au contraire / Alors qu*'il faut protéger l'environnement, nous utilisons de nombreux produits polluants.
d. Ma voisine fait du bénévolat dans une association de protection des animaux. Son mari *au contraire / alors que* dirige une entreprise qui crée beaucoup de pollution !

3 **a. Mathias et Jean, frères jumeaux, sont très différents. Lisez leurs différences, et comme dans l'exemple, faites des phrases pour les exprimer. Utilisez les expressions de l'opposition.**

Mathias	Jean
• adore les animaux	• ne supporte pas les animaux
• fait du bénévolat dans une association	• fait des dons à une association
• achète souvent des produits polluants	• refuse d'acheter des produits polluants
• voyage beaucoup en avion	• voyage surtout à vélo
• achète ses légumes au supermarché	• cultive des légumes dans son jardin

Exemple : *Mathias adore les animaux, au contraire, Jean ne les supporte pas.*

....
....
....
....

b. Et vous ? Écrivez 5 phrases pour décrire la différence entre vos goûts ou comportements et ceux de quelqu'un de proche : (un(e) de vos ami(e)s, une personne de votre famille, un(e) camarade de classe…

....
....
....
....
....

COMPRÉHENSION ORALE

4 🔊 58 Écoutez la chanson *Les Séquoias* de Pomme et répondez aux questions.

a. Quel est le thème de cette chanson ?
  1. Le recyclage ☐   2. Les réfugiés climatiques ☐   3. La déforestation ☐

b. Complétez les paroles de la chanson.

  a. J'ai .... en entier pour une fois.
    1. respiré ☐   2. soufflé ☐   3. inspiré ☐

  b. Pour nous .... de toutes les peines d'avant.
    1. recycler ☐   2. chauffer ☐   3. sauver ☐

  c. Et .... mon propre corps pour la première fois.
    1. regarder ☐   2. respirer ☐   3. habiter ☐

COMPRÉHENSION ÉCRITE

5 Lisez le texte et répondez aux questions.

Les animaux disparus revivent sous nos yeux au Muséum d'histoire naturelle

Prêts pour un voyage inédit à la rencontre d'animaux disparus, revenus un court instant à la vie ? À partir de ce mercredi, le Muséum national d'Histoire naturelle, à Paris, nous propose de vivre une telle expérience en chaussant des lunettes de réalité augmentée. (…)

À la fin du parcours, un tigre à dents de sabre rugit sur son énorme rocher, reconstitué lui aussi en réalité augmentée (…). Il a disparu il y a dix mille ans, lorsque les hommes sont arrivés sur ses terres, en Amérique centrale et du Sud. Coïncidence ? Pas certain. La disparition de certaines espèces est un phénomène qui a toujours existé. Mais depuis quelques siècles, surtout depuis les grandes découvertes et l'invention des armes à feu, l'homme exerce une telle pression sur la biodiversité – dont il fait partie ! – qu'il accélère le processus.

Chasse et perte d'habitat

C'est pour cela que la plupart des animaux que l'on voit « revivre » ici ont disparu il y a moins de deux cents ans, le plus récent étant le tigre de Tasmanie, éteint en 1936. La chasse, souvent massive et systématique, est une des principales causes d'extinction. (…) Une autre cause majeure de la disparition récente d'espèces est la perte de leur habitat (constructions, incendies, agriculture intensive…). (…)

Coralie Schaub et Adrian Chaunac-Webb, *Libération*, 16 juin 2021

a. Quel est le concept développé par le Muséum d'Histoire naturelle de Paris ?

....

b. Quelles espèces animales disparues sont citées dans l'article ?

....

c. Quelles sont les causes majeures de la disparition de ces animaux citées dans l'article ?

....

UNITÉ 10
LEÇON 4 • En résumé

VOCABULAIRE

1 Reliez ces mots à leur définition.

a. Des pesticides
b. Cancérigène
c. Des colorants
d. Une marée noire
e. Toxique

1. Ce sont des produits chimiques qui modifient l'aspect des aliments.
2. Qui est nocif pour la santé.
3. C'est une expression utilisée lorsque du pétrole ravage le littoral à la suite d'un naufrage.
4. Ce sont des produits chimiques utilisés dans l'agriculture contre les parasites.
5. Qui peut causer un cancer.

COMPRÉHENSION ORALE

2 🔊 59 Écoutez et répondez aux questions.

a. Que peuvent faire les coiffeurs ?
....

b. À quoi serviront les cheveux ?
....

c. À l'île Maurice, que s'est-il passé ?
....

d. Pourquoi le journaliste et Thierry Gras parlent-ils des anciennes générations ?
....

COMPRÉHENSION ÉCRITE

3 Lisez le texte et répondez aux questions.

Veja et ses baskets éthiques, un contre-pied à la fast-fashion

Quinze ans après sa création au Brésil, la marque de chaussures, fondée par les Français Sébastien Kopp et François-Ghislain Morillion, a inauguré la première boutique à son nom. (…)

Les deux entrepreneurs démontrent qu'il est possible de fabriquer une paire de chaussures en renonçant aux registres traditionnels de la publicité – dans l'industrie conventionnelle, marketing et pub représentent 70 % des coûts, contre 30 % pour la fabrication et la main-d'œuvre – et de réallouer* ces sommes à « la production, aux matières premières et à l'environnement » pour une fabrication la plus respectueuse possible de l'environnement.

Les modèles sont vendus au prix des grandes marques type Nike et Adidas. Mais ils sont fabriqués à partir de fil de coton biologique, de caoutchouc sauvage, de « B-Mesh » un tissu polyester issu de bouteilles en plastique ramassées dans les rues de Rio et de Sao Paulo. La production sort d'une usine de Porto Alegre.(…)

La marque est mondialement connue, notamment depuis que la princesse Meghan a porté le modèle V-10 aux côtés de son mari, le prince Harry, lors d'une régate en Australie en 2018. La photo a fait le tour des réseaux sociaux et a renforcé sa notoriété à l'étranger où Veja réalise 80 % de ses ventes.

Malgré des prix élevés, l'entreprise a vendu trois millions de paires dans le monde. Rentable depuis ses débuts, elle devrait atteindre un chiffre d'affaires de 55 millions d'euros en 2019, contre 32 en 2018, assure Sébastien Kopp. (…)

*réallouer = redistribuer, redonner

Juliette Garnier, *Le Monde*, 5 novembre 2019

118 Unité 10 • S'engager pour la planète

a. Quelle est la particularité des baskets Veja ?

....

b. Comment les fondateurs de la marque Veja ont-ils fait pour rendre leur marque plus respectueuse de l'environnement ?
   1. Ils produisent des baskets à faible coût. ☐
   2. Ils redistribuent le budget publicitaire. ☐
   3. Ils attaquent les grandes enseignes. ☐
   4. Ils travaillent avec des entreprises écoresponsables. ☐

c. Comment la marque Veja a-t-elle renforcé son image à l'international ?
   1. Grâce à la famille royale britannique. ☐
   2. Grâce à ses actions de bienfaisance, culturelles et écologiques. ☐
   3. Grâce aux événements et aux débats qu'elle consacre aux dérèglements climatiques. ☐

PRODUCTION ÉCRITE

4 Et vous et l'écologie ? Décrivez vos expériences avec la pollution.
Quels sont les gestes du quotidien que vous faites pour éviter la pollution ?
Que conseillez-vous de faire ?

....
....
....
....
....
....
....
....
....

PRODUCTION ORALE

5 Répondez aux questions.
a. Êtes-vous écolo ?
b. Comment peut-on sensibiliser les citoyens à l'écologie ?
c. Êtes-vous prêt(e) à changer certaines de vos habitudes de vie pour lutter contre le réchauffement climatique ?

BILAN GRAMMAIRE

1 Soulignez l'expression du but qui convient (*afin de/pour que* ; *afin que/pour que*).

   a. Je fais du bénévolat dans une association *pour que/afin de* créer une vie plus agréable dans mon quartier.

   b. Pauline Ado anime des ateliers dans les écoles, *pour que/afin de* les élèves soient sensibilisés aux problèmes de la pollution marine.

   c. Je me suis engagé(e) dans une association qui répare et revend des objets jetés, *pour que/afin de* participer à la lutte contre le gâchis.

   d. *Pour/Afin que* la pollution diminue, je pense que les grandes entreprises devraient modifier leur manière de produire.

2 Lisez ce texte. Réécrivez les passages soulignés en utilisant les expressions du but qui conviennent : *afin de/pour* + infinitif ; *afin que/pour que* + subjonctif.
Attention, vous devrez transformer un peu la phrase et adapter la conjugaison des verbes !

> Je ne sais pas comment faire, <u>mais j'aimerais</u> lutter contre la pollution. Un ami m'a conseillé de participer aux activités d'une association, <u>ainsi j'apprendrais</u> à réduire mes déchets. Dans mon quartier, il y a une association qui organise des ateliers : <u>avec ces ateliers,</u> les habitants apprennent à fabriquer eux-mêmes leurs produits ménagers (savon, lessive, désinfectant). Également, cette association nous loue des vélos : <u>de cette manière,</u> nous nous déplaçons sans polluer. Dans l'association, il y a des cours <u>: avec ces cours,</u> nous apprenons à réparer nous-mêmes nos vélos. Je me suis inscrit à cette association, <u>ainsi</u> je participe à ces ateliers, <u>et</u> mon mode de vie va être plus écologique.

....
....
....
....
....
....
....

3 Comme dans les exemples, écrivez 5 phrases qui décrivent les contradictions de nos modes de vie. Utilisez les expressions de l'opposition (*au contraire/alors que*). Quand cela est possible, utilisez également les expressions de but (*afin de/pour* ; *afin que/pour que*).

Exemples :
– *Je pourrais cultiver des kiwis dans mon jardin. <u>Au contraire,</u> j'achète des kiwis qui viennent de l'autre bout du monde, <u>alors que</u> je veux lutter contre la pollution. (→ expressions de l'opposition)*
– *J'achète des kiwis qui viennent de l'autre bout du monde, <u>alors que</u> je pourrais les cultiver dans mon jardin <u>pour</u> lutter contre la pollution du transport. (→ expression de l'opposition + expression du but)*

....
....
....
....
....
....

Unité 10 • S'engager pour la planète

BILAN VOCABULAIRE

1 Reliez ces mots à leur définition.

a. L'environnement
b. La pollution
c. Le réchauffement climatique
d. Une espèce en voie de disparition
e. La déforestation

1. C'est un animal ou un végétal qui est en danger de disparition.
2. C'est l'action d'enlever les arbres d'un territoire.
3. C'est le phénomène de hausse des températures de la Terre.
4. C'est le milieu naturel dans lequel on vit.
5. C'est de ne pas respecter l'écologie en salissant la planète.

2 Complétez le texte suivant avec ces mots ou expressions.
(des) pesticides – (une) planète – (une) génération – (des) déchets – (le) réchauffement climatique – (la) pollution – (le) plastique

Ma grand-mère et moi n'avons pas du tout les mêmes habitudes mais chacune dans nos vies, nous essayons de lutter contre .... et .... Nous ne sommes pas de la même .... et elle habite à la campagne et moi, en ville. Ma grand-mère n'achète pas beaucoup de vêtements et recoud systématiquement tous ceux qui sont abîmés. De mon côté, je fais attention à ne pas acheter de jouets en .... à mes enfants. Ma grand-mère cultive des fruits et des légumes dans son jardin sans .... et moi, j'essaie de faire mes courses en vrac pour faire le moins de .... possibles. Nous essayons de préserver notre ....

3 Classez ces expressions en fonction de l'émotion qu'elles expriment.
a. C'est magnifique – b. C'est scandaleux – c. Je suis indigné(e) – d. Je suis surpris(e) – e. C'est formidable – f. Je suis choqué(e) – g. C'est insupportable – h. C'est surprenant – i. Je suis étonné(e)

La joie 😀	La surprise 😮	La colère 😠

4 Complétez les phrases suivantes.

a. Quand je pense à notre planète, je suis indigné(e) ....
b. C'est magnifique que la nouvelle génération ....
c. Moi et mes amis, nous sommes choqués ....
d. Dans mon pays, nous sommes inquiets ....

S'engager pour la planète • Unité 10

ENTRAÎNEMENT AU DELF B1

COMPRÉHENSION ORALE

Mettez-vous dans les conditions de l'examen : entre la première et la deuxième écoute, vous avez 30 secondes de pause. Après la deuxième écoute, vous avez une minute pour vérifier vos réponses.

🔊 60 Écoutez le document, et répondez aux questions.

a. Cette école forme des élèves stylistes....
   1. à revendre des habits originaux. ☐
   2. à connaître l'industrie de la mode. ☐
   3. à créer à partir de vêtements déjà existants. ☐

b. L'enseignante voudrait que les jeunes...
   1. renouvellent le secteur de la mode. ☐
   2. créent des marques indépendantes. ☐
   3. étudient avec de stylistes expérimentés. ☐

c. Joël s'habille avec des vêtements d'occasion...
   1. par goût esthétique. ☐
   2. par nécessité financière. ☐
   3. par conviction écologique. ☐

d. En Europe, que se passe-t-il avec la majorité des vêtements invendus ?
   1. Ils sont détruits. ☐
   2. Ils sont recyclés. ☐
   3. Ils sont revendus. ☐

e. La fondatrice de cette école critique...
   1. l'image responsable développée par l'industrie. ☐
   2. les manières actuelles de consommer et de jeter. ☐
   3. l'utilisation de l'écologie comme stratégie de vente. ☐

f. D'après la fondatrice de l'école, la prise de conscience écologique...
   1. va modifier les habitudes d'achats. ☐
   2. va aider les entreprises à se renouveler. ☐
   3. va diminuer la pollution créée par le textile. ☐

g. Qu'est-ce que la responsabilisation du secteur textile apporte à la ville de Roubaix ?
   1. Un succès de ses entreprises. ☐
   2. Une nouvelle vie économique. ☐
   3. Un environnement sans pollution. ☐

COMPRÉHENSION ÉCRITE

Lisez le texte et cochez les bonnes réponses.

a. Les jeunes sont moins pollueurs que les baby-boomers.
   Vrai ☐ Faux ☐

b. Les baby-boomers sont plus préoccupés par l'écologie que les jeunes.
   Vrai ☐ Faux ☐

c. Politiquement, les baby-boomers votent plus pour le parti écologiste que les jeunes.
   Vrai ☐ Faux ☐

d. Les baby-boomers ...
   1. prennent plus l'avion. ☐
   2. essaient en majorité de consommer local. ☐
   3. trient leurs déchets. ☐

e. Les jeunes ...
   1. consomment plus que les baby-boomers. ☐
   2. prennent plus l'avion. ☐
   3. sont préoccupés par le réchauffement climatique. ☐

ENVIRONNEMENT : les jeunes sont-ils plus écolos que les baby-boomers* ?

Les baby-boomers font plus de gestes écologiques au quotidien que les jeunes. Mais les jeunes placent davantage l'écologie au cœur de leurs préoccupations et utilisent moins la voiture, par exemple.

La génération des baby-boomers est très peu représentée dans l'électorat d'Europe Ecologie Les Verts**. Lors de l'élection européenne de mai 2019, les 50 ans et plus étaient moins de 10% à avoir voté pour le parti, selon un sondage. Ils étaient cependant plus de 25% dans la tranche d'âge 18 à 34 ans. Les sondages d'opinion montrent aussi que les jeunes placent plus souvent l'environnement en tête de leurs préoccupations. « Les baby-boomers ont une vision de l'écologie qui est différente des jeunes, ils vont être plus centrés sur la réduction des déchets, sur l'achat de produits locaux, alors que les plus jeunes vont avoir une vision un petit peu plus globale, ils sont très préoccupés par le réchauffement climatique », explique Sarah Hoibian, directrice du pôle Société – Crédoc. Mais les baby-boomers sont-ils pour autant moins écolos ? Au niveau des gestes quotidiens, la génération des 50-64 ans ferait plus d'efforts, selon plusieurs sondages. 93% d'entre eux déclarent trier leurs déchets, et 62% achètent des produits locaux. De plus, les jeunes sont plus accros aux nouvelles technologies, productrices de déchets. Mais les jeunes n'ont pas pour autant des pratiques plus polluantes. Ils consomment moins, de par leur niveau de vie, et utilisent moins la voiture que leurs aînés au même âge. Impossible donc de décerner la médaille de la génération la plus écologique.

M.Garcia, C.Vignal, G.Orain – france info, 29/04/2021

*Les baby-boomers sont les personnes nées entre 1945 et 1965.
** Europe Ecologie Les Verts est le parti politique écologique français.

PRODUCTION ÉCRITE

Vous avez créé l'association éco-responsable « Mon éco-ville » avec vos voisins.
Vous mettez en place des actions pour améliorer votre ville et encourager ses habitants à devenir plus sensibles à l'écologie.
Écrivez un mail à un(e) ami(e) pour lui présenter votre association et pour lui proposer de faire partie de l'association. (200 à 250 mots)

Quelques idées : compostage, ateliers dans les écoles, vide-greniers, marchés de paysans locaux, projection de documentaires sur l'écologie, éclairage de nuit réduit …

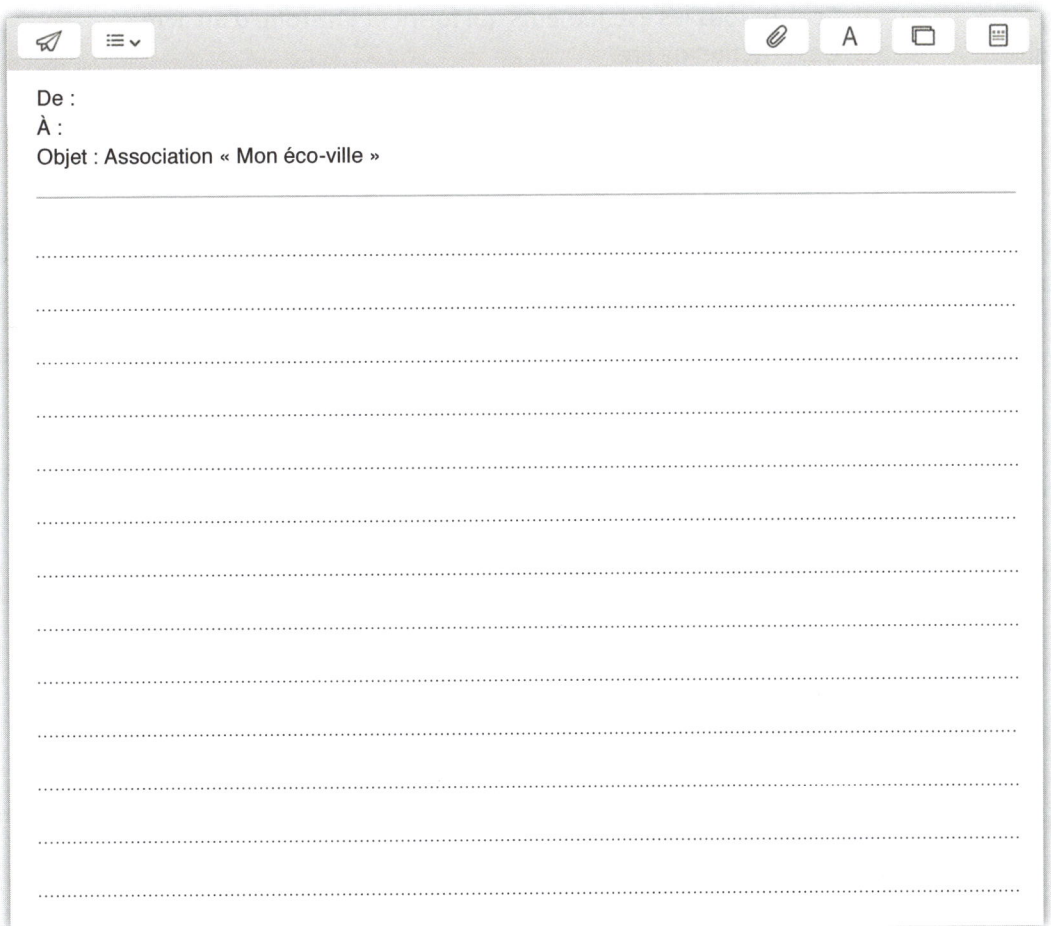

PRODUCTION ORALE

- **EXERCICE EN INTERACTION**

   Mettez-vous dans les conditions de l'examen : lisez le sujet, puis jouez cette situation avec un camarade ou votre professeur, sans préparation.

   Vous habitez au bord de la mer, à la Réunion. Le week-end prochain, une association organise une collecte de déchets sur la plage. Vous voulez y participer, et vous proposez à un(e) ami(e) francophone de participer avec vous. Il/Elle n'est pas intéressé(e) par cette action. Vous tentez de le/la convaincre de venir participer avec vous.

UNITÉ 11 — Soif de culture

LEÇON 1 • Critique littéraire

VOCABULAIRE

1 **Reliez ces mots à leur définition.**

a. Une intrigue
b. Un(e) éditeur(rice)
c. Un conte
d. La lecture
e. Une critique

1. C'est un récit littéraire pour divertir qui mêle souvent le merveilleux et la réalité.
2. C'est la personne qui assure la publication et la mise en vente d'un livre.
3. C'est un jugement, une appréciation.
4. Ce sont tous les événements qui forment l'histoire d'un livre.
5. C'est l'action de lire.

GRAMMAIRE

2 **Comme dans l'exemple, transformez les phrases en utilisant le gérondif. Modifiez la partie soulignée de la phrase.**

Exemple : *Angèle donne le goût de la lecture à son étudiant, car elle lui fait connaître de beaux livres.* → *Angèle donne le goût de la lecture à son étudiant, en lui faisant connaître de beaux livres.*

a. Quand je lis des romans sur mon téléphone, je suis gêné dans ma lecture car je reçois des textos.
....

b. J'aime lire, en même temps j'écoute de la musique.
....

c. J'ai offert un livre de contes à ma sœur, je pensais lui faire un beau cadeau.
....

d. Les auteurs sont justement rémunérés quand ils publient leurs livres sur Bibook.
....

e. J'ai écrit cette histoire pour enfants. En même temps, je pensais à ma nièce.
....

f. Bibook fait connaître des nouveaux auteurs, car il développe une application de lecture en ligne.
....

COMPRÉHENSION ORALE

3 🔊 **61 Écoutez et répondez aux questions.**

a. Quel est le livre qui a changé la vie de Saphia Azzeddine ?
   1. *Illusions perdues* de Balzac ☐   2. *Le Rouge et le noir* de Stendhal ☐   3. *Nana* de Zola ☐

b. Que signifie un pavé ?
   1. Un livre classique ☐   2. Un gros livre ☐   3. Un livre scolaire ☐

c. Grâce à la lecture complète du livre de Stendhal, elle a eu une bonne note.
   Vrai ☐   Faux ☐

COMPRÉHENSION ÉCRITE

4 Lisez ce texte et répondez aux questions.

FAÏZA GUÈNE

Faïza Guène est née en 1985 à Bobigny. Cadette d'une famille de trois enfants originaires d'Algérie, elle a grandi et vit dans la cité des Courtilières à Pantin. Enfant précoce, elle est très tôt passionnée par la lecture et le dessin et se fait remarquer à l'âge de 13 ans en fréquentant assidûment un atelier d'écriture audiovisuelle à Pantin proposé par une association.
Grâce à cette association, elle réalise plusieurs courts-métrages et un documentaire intitulé *Mémoires du 17 octobre 61*, réalisé en 2002. Cette même année 2002, elle commence son premier roman *Kiffe Kiffe demain* dans lequel elle évoque son quotidien dans la cité. C'est son professeur de français de l'atelier d'écriture qui envoie quelques feuillets à la maison d'édition Hachette Livre sans en avertir Faïza. Elle signe rapidement un contrat et le roman sort en septembre 2004. À 19 ans, la jeune auteure est encensée par beaucoup de médias. *Kiffe Kiffe demain* se vend à plus de 400 000 exemplaires et est traduit dans 26 langues.

Faïza Guène, *France Inter*, la Documentation de Radio France

a. Faïza Guène a découvert la lecture à 13 ans.
Vrai ☐   Faux ☐

b. Comment Faïza Guène a-t-elle été découverte par sa maison d'édition ?
....
....

c. Le livre de Faïza Guène est un succès public.
Vrai ☐   Faux ☐

PRODUCTION ÉCRITE

5 Sur un forum de lecteurs, vous lisez ce témoignage.

> Je déteste lire sur un format numérique ! Pour moi, rien ne vaut un bon livre papier. J'aime l'odeur du papier, surtout dans les vieux livres. J'aime sentir les pages entre mes mains, et j'adore les gros livres, bien lourds ! Ainsi, je ressens vraiment le poids des mots !
> Sasha

Participez à ce forum en donnant votre témoignage. Expliquez votre goût et votre opinion.

....
....
....
....
....

PRODUCTION ORALE

6 Répondez aux questions.
  a. Lisez-vous beaucoup ?
  b. Est-ce que les gens lisent beaucoup dans votre pays ?
  c. Y-a-t-il beaucoup de bibliothèques et de librairies ?
  d. Quels livres et quels auteurs de votre pays sont célèbres ?

Soif de culture • Unité 11

UNITÉ 11

LEÇON 2 • L'univers de la bande dessinée

VOCABULAIRE

1 **Complétez le texte avec ces expressions.**

(un) manga – (un) comic – (un) lecteur – (une) bande dessinée – (une) bulle

À Angoulême aura lieu le festival de la BD. La BD, c'est la .... Pour les ....
de 6 à 100 ans, elle est très populaire et permet d'aborder de nombreux thèmes et de faire vivre de nombreuses
aventures. Les dessins sont accompagnés de textes que l'on peut lire dans des ....
Les BD américaines les plus célèbres sont les .... et les BD japonaises,
les .... Du côté de la France, la dessinatrice et autrice, Pénélope Bagieu a obtenu le prix Eisner,
grand prix de la BD, pour sa série *Les Culottées*.

GRAMMAIRE

2 **Transformez ces phrases au discours indirect.**

a. Kevin m'a dit : « Je lis une BD vraiment intéressante en ce moment : *Les Algues Vertes* »
....

b. Le journaliste a demandé à l'auteur : « Pourquoi avez-vous choisi de faire de la BD ? »
....

c. L'auteur a répondu : « Quand j'étais enfant, j'ai découvert la BD, puis j'ai toujours aimé dessiner. »
....

d. Lucie pensait : « Il y a un an, j'ai publié ma première BD ! »
....

e. Victoria m'a demandé : « Il y a des BD que tu apprécies ? »
....

COMPRÉHENSION ORALE

3 🔊 **62** **Écoutez et répondez aux questions.**

a. Quelle est la nationalité de l'homme qui a inventé la bande dessinée ?
   1. Suisse ☐   2. Belge ☐   3. Américaine ☐

b. En France, la bande dessinée était d'abord destinée aux enfants.
   Vrai ☐   Faux ☐

c. Quel est le personnage de bande dessinée, provenant de Belgique, qui rencontre un énorme succès ?
....

COMPRÉHENSION ÉCRITE

4 Lisez ce texte et répondez aux questions.

La Cité internationale de la bande dessinée d'Angoulême hérite d'un legs de 30 000 ouvrages

Spirou, Mickey, Gaston Lagaffe… Ils sont tous là. Des milliers de livres dans un état exceptionnel, mais également des figurines. Au total, 10 tonnes de dons envoyés par la famille d'un ancien officier de la marine marchande, collectionneur invétéré* et grand amateur de bandes dessinées. C'est, après celui de Marvel en 2006, le don le plus important reçu par la Cité Internationale de la bande dessinée et de l'image d'Angoulême.

D'un vieux Mickey au manga, c'est presque toute l'histoire de la BD qui est réunie dans ce don. (…) La passion de toute une vie qui est arrivée dans 400 cartons à Angoulême. (…) « Et ils sont impeccables, quasiment neufs. On a souvent des dons, mais dans cet état-là, cette masse et cette diversité, c'est exceptionnel à plus d'un titre. »

Ce don d'environ 30 000 œuvres, c'est la collection d'une vie. Son propriétaire aurait dépensé environ 300 000 euros pour l'obtenir. À son décès, sa famille a préféré en faire don plutôt que de la vendre. Une démarche de plus en plus courante chez les amoureux de BD, pour le plus grand bonheur du musée d'Angoulême. (…)

C'est donc un peu Noël avant l'heure à Angoulême. Un don qui renforce un peu plus la structure. Forte de ses 240 000 ouvrages, la Cité Internationale de la bande dessinée est déjà la plus grande bibliothèque d'Europe consacrée au neuvième art.

* Invétéré = passionné depuis longtemps

Marie Pujolas, *France Culture*, 8/10/21

a. Pourquoi ce don est-il exceptionnel ?
....

b. La collection de bande dessinée ne contient que des bandes dessinées françaises.
   Vrai ☐   Faux ☐

c. Qu'est-ce que le neuvième art ?
....

PRODUCTION ÉCRITE

5 Présentez une bande dessinée que vous aimez : présentez son auteur(e), résumez l'histoire que cette bande dessinée raconte. Donnez également votre opinion : pourquoi vous appréciez cette bande dessinée ? Quelles sont ses qualités et quels sont ses défauts ?

UNITÉ 11

LEÇON 3 • Silence, on tourne !

VOCABULAIRE

1 **Complétez les questions et les réponses.**

a. Qu'est-ce que c'est un .... ? C'est la personne qui tourne le film.

b. Qu'est-ce que c'est un .... ? C'est l'histoire écrite du film.

c. Qu'est-ce que c'est un .... ? C'est l'endroit naturel ou fabriqué où est tourné le film.

d. Qu'est-ce que c'est le 7ᵉ art ? C'est le ....

e. Qu'est-ce que c'est un acteur ? C'est la personne qui joue le .... d'un film.

GRAMMAIRE

2 **Comme dans l'exemple, reliez les phrases avec le pronom relatif composé qui convient.**
Exemple : *Omar Sy est souvent allé à Bakel. Ses parents ont grandi dans le village de Bakel.*
→ *Omar Sy est souvent allé à Bakel, le village dans lequel ses parents ont grandi.*

a. Ce film a un thème intéressant. Je réfléchis souvent à ce thème.
→ ....

b. *Yao* parle de mon pays d'origine. Je me pose souvent des questions à propos de mon pays d'origine.
→ ....

c. J'ai fini d'écrire le scénario d'un film. Je travaillais depuis longtemps sur ce scénario.
→ ....

d. J'ai découvert une plateforme de films documentaires géniale ! Je me suis abonné à cette plateforme.
→ ....

e. J'aime la chaîne Arte cinéma. Je découvre des films magnifiques avec cette chaîne.
→ ....

f. J'ai rencontré plusieurs actrices. J'ai proposé à ces actrices de jouer dans mon prochain film.
→ ....

PHONÉTIQUE

3 🔊 **63** **Écoutez ces mots. Cochez le son que vous entendez : [br] ou [tr] ou [pr] ?**

	[br]	[tr]	[pr]
a.			
b.			
c.			
d.			
e.			

	[br]	[tr]	[pr]
f.			
g.			
h.			
i.			

4 🔊 **64** **Écoutez et répétez les mots.**
[tr] : travail – votre – autre – rencontre – titre – étrange
[pr] : prenant – prendre – avant-première – premier – préférer – programme
[br] : célèbre – brun – ombre – septembre – bref – brillant

COMPRÉHENSION ORALE

5 🔊 **65** Écoutez et répondez aux questions.

a. Les deux spectateurs ont aimé le film.
   Vrai ☐   Faux ☐

b. Quels aspects du film ont-ils apprécié ?
   ....
   ....

c. Les spectateurs auraient préféré …
   1. une fin différente. ☐
   2. des acteurs différents. ☐
   3. des décors différents. ☐

COMPRÉHENSION ÉCRITE

6 Lisez ce texte et répondez aux questions.

L'incroyable vie d'Alice Guy

Rares sont celles et ceux qui connaissent son nom : Alice Guy est la première femme réalisatrice de films, scénariste, productrice et directrice de studios. Au début du XXe siècle, la magie du cinéma est née avec elle.

Certaines vies ressemblent à des tourbillons, des ouragans, des tempêtes ! Telle fut l'existence de l'épatante Alice Guy : le 25 mars 1895, elle assiste à la présentation du Cinématographe des frères Lumière dans le quartier de Saint-Germain-des-Prés, à Paris. Stupéfaite, elle vient d'assister à la toute première projection de cinéma du monde ! Alice en a le souffle coupé !

Elle est alors secrétaire de Léon Gaumont, directeur de la société *Le comptoir Général de la photographie* et elle sait que son patron a l'intention d'investir dans le cinéma. Elle a justement une idée à lui proposer : « Monsieur Gaumont. J'ai une idée : je vais écrire des petites scènes, les faire jouer par des acteurs et les filmer ! Prêtez-moi du matériel, vous allez voir, ça va être génial ! »

Elle veut à tout prix raconter des petites histoires. Au lieu de filmer des trains, la rue et des sorties d'usine – en un mot : la réalité – et si elle s'en servait pour raconter des histoires inventées, des fictions ? Avec des costumes, des décors et des comédiens qui, comme au théâtre, joueraient des mots écrits par d'autres ?

En 1906, alors qu'elle a tout juste 23 ans, elle tourne son premier petit film de fiction : *La Fée aux choux*. Elle s'envolera même aux États-Unis en 1907, pour ouvrir sa propre société de production et ses studios.

Laure Grandbesançon, *France Inter*

a. À quelle occasion, Alice Guy a-t-elle découvert le cinéma ?
....
....

b. Alice Guy était une actrice célèbre.
   Vrai ☐   Faux ☐

c. Avec l'aide de qui Alice Guy a pu réaliser son premier film ?
....
....

PRODUCTION ÉCRITE

7 Décrivez le dernier film (ou la dernière série) que vous avez vu. Donnez votre opinion sur ce film ou cette série.

....
....
....

UNITÉ 11

LEÇON 4 · Sous les projecteurs

VOCABULAIRE

1 Complétez le texte avec les expressions suivantes.

(un) festival – (un) court-métrage – (un) classique – (une) projection – (une) rétrospective – visionner

Le cinéma *l'Odyssée* à Strasbourg est le repaire de tous les cinéphiles. Vous pourrez y voir de nombreuses .... de films à l'affiche et de films plus anciens, des .... Le cinéma organise aussi des .... de grands réalisateurs. Vous pourrez .... durant une semaine tous les plus grands films de Renoir, Coppola ou Wilder. Un .... y est aussi organisé chaque année qui récompense le meilleur .... fantastique.

COMPRÉHENSION ÉCRITE

2 Lisez ce texte et répondez aux questions.

L'Eden-Théâtre de La Ciotat est le plus ancien cinéma en activité

L'Eden-Théâtre de La Ciotat est officiellement le plus ancien cinéma en activité dans le monde ! (...) L'Eden a été inauguré le 15 juin 1889 à La Ciotat, la ville ne comptait à l'époque que 12 000 habitants, et à ses débuts, ce n'était pas encore un cinéma. Le lieu a accueilli à ses débuts des représentations théâtrales, des concerts et même des rencontres sportives de boxe ou de lutte gréco-romaine. Son ancien propriétaire, Raoul Gallaud, s'était lié d'amitié avec Antoine Lumière, père de Louis et Auguste Lumière, qui avait une résidence estivale dans la région. Invité à participer à une première « expérience cinématographique » chez les Lumière le 21 septembre 1895, il propose à Antoine de renouveler l'expérience à l'Eden.
Le 21 mars 1899 : première projection. L'Eden programme une vingtaine de films des frères Lumières comme *Le lancement d'un navire à La Ciotat*, *Un voyage à travers les Alpes en chemin de fer*, *Les Cow-boys d'Amérique* ou encore *Un crêpage de chignons*. C'est cette séance qui a été retenue par le Guinness Book pour son homologation. L'affiche de cette première projection est aujourd'hui exposée dans le hall. (...)
« Nous avons à peu près une centaine de personnes par semaine qui viennent voir cette ambiance très particulière de l'Eden. C'est un théâtre à l'italienne avec deux grandes coursives, ça ressemble un peu à la Scala de Milan, c'est notre petite Scala de La Ciotat. Il est magnifique. Aujourd'hui, 25 séances par semaine sont programmées. Le cinéma ne connaît pas la crise grâce notamment à l'implication de nombreux bénévoles », souligne Michel Cornille. Ils sont une soixantaine à œuvrer dans diverses activités du cinéma. Et cette reconnaissance du livre des records est aujourd'hui un gros coup de projecteur pour le lieu qui fait la fierté des habitants et risque d'attirer beaucoup de monde.

Camille Payan, *France Bleu Provence*, Jeudi 15 juillet 2021

a. L'Eden est devenu un cinéma grâce à l'amitié entre le propriétaire et le père des frères Lumière.
Vrai ☐   Faux ☐

b. L'Eden ne projette plus de films actuellement.
Vrai ☐   Faux ☐

c. Quels sont les atouts de l'Eden qui attirent le public ?
....
....

COMPRÉHENSION ORALE

3 🔊 66 **Écoutez et répondez aux questions.**

a. Le film présenté est un long-métrage.
Vrai ☐   Faux ☐

b. Quel est le thème du film qui est présenté ?
....

c. Comment travaillent ces réalisateurs avec leurs acteurs ?
....

d. Qu'apprécie Yann Berlier au festival ?
....

PRODUCTION ÉCRITE

4 **Vous êtes un(e) jeune réalisateur(-rice). Votre premier court-métrage va être projeté au festival de Clermont-Ferrand. Écrivez la présentation de votre court-métrage (intrigue, décors, personnages, message) pour votre discours lors de sa projection.**

....
....
....
....
....
....
....
....
....

PRODUCTION ORALE

5 **Répondez aux questions.**
a. Quels sont vos films favoris ?
b. Quel genre de films préférez-vous ?
c. Quel genre de films détestez-vous ?

BILAN GRAMMAIRE

1 Complétez les phrases en mettant le verbe entre parenthèse au gérondif.

a. .... (*prendre*) mon billet au guichet du cinéma, j'ai rencontré un acteur célèbre !

b. .... (*lire*) cette BD, j'ai vraiment pensé à toi !

c. J'ai trouvé l'idée parfaite pour mon film .... (*voir*) des personnes se disputer dans la rue.

d. Je suis allée à la bibliothèque .... (*avoir*) envie d'une bonne BD. J'ai finalement emprunté un roman.

2 Écrivez une phrase avec les deux verbes, en utilisant le gérondif. Vous pouvez mettre les verbes dans l'ordre que vous voulez.

a. visiter / comprendre

b. partir / voir

c. lire / réfléchir

d. présenter / être ému

3 Lisez ces témoignages. Résumez-les en utilisant le discours indirect passé.

a. *Témoignage de Juliette* : « Hier soir, je suis allée voir un film magnifique. Il était très émouvant. J'ai pleuré pendant toute la séance. Heureusement, l'histoire finissait bien. »

b. *Témoignage de Cédric* : « J'adore les romans d'Alexandre Dumas. Ils sont écrits comme une série, avec beaucoup de suspens. La nuit dernière, je n'arrivais plus à m'arrêter de lire, et je me suis couché très tard ! »

c. *Témoignage de Farid* : « J'ai toujours aimé lire des BD. Quand j'étais adolescent, j'ai pris des cours de dessin. J'ai ensuite étudié l'art. Depuis plusieurs années, je publie mes bandes dessinées. Je suis content car elles rencontrent un certain succès. »

4 Complétez ce dialogue avec les pronoms relatifs composés qui conviennent.

Lucas : Cet acteur .... je pense est célèbre, mais je ne me rappelle plus de son nom ! Le film dans .... il joue est drôle et émouvant C'est une belle rencontre...

Samira : Tu veux parler du film à propos .... je viens de lire des critiques ?

Lucas : Non, mais ce sont des critiques dans .... on parle justement de cet acteur !

Samira : Omar Sy !

Lucas : Oui, voilà ! Alors, quel est le titre de ce film ? C'est l'histoire où Omar Sy est employé dans une maison dans .... il doit s'occuper d'un homme paralysé, très cultivé. Et il lui permet de vivre des expériences .... cet homme n'aurait jamais pensé. Ils se font chacun découvrir des cultures à propos .... l'autre ne connaissait rien. Alors, le titre, c'est...

Samira : Intouchables ! C'est un film très connu ! Bon, je t'offre un cahier, dans .... tu vas noter les titres des films et les noms des acteurs, pour faire travailler ta mémoire !

BILAN VOCABULAIRE

1 Reliez ces mots à leur définition.
- a. Une critique
- b. Une fable
- c. Un court-métrage
- d. Des effets spéciaux

1. C'est un film qui ne dure pas plus de 20 minutes en général.
2. Ce sont des trucages ou des illusions utilisés dans les films.
3. C'est un commentaire écrit qui donne un avis négatif ou positif.
4. C'est un texte littéraire qui raconte une vérité générale.

2 Complétez ces phrases avec les expressions suivantes.
(un) titre – (un) rôle – (un) tournage – (une) scène – (un) festival

a. Dans ce film, elle a obtenu le premier ....
b. La dernière .... de ce film est vraiment émouvante.
c. À Cannes, le .... a lieu chaque année au mois de mai.
d. En France, on traduit tous les .... de films en français.
e. Il y a beaucoup de .... de films américains au Canada.

3 Jeu des métiers : devinez le métier de chacun.

a. C'est une personne qui écrit un livre, un roman,
→ c'est ....

b. C'est une personne qui assure la publication d'un livre,
→ c'est ....

c. C'est une personne qui illustre les textes,
→ c'est ....

d. C'est une personne qui réalise des films,
→ c'est ....

4 Complétez ce dialogue avec les expressions suivantes.
tourner – (un) acteur – (un) décor – (une) intrigue – (un) titre

Personne 1 : Alors tu es allé voir quel film ?

Personne 2 : Je ne me rappelle même plus le ...., tellement ça ne m'a pas plu.

Personne 1 : À ce point !

Personne 2 : Oui, tout était décevant. Les .... qui devaient représenter Paris au 19ème siècle étaient mal faits, ils auraient vraiment dû .... dans Paris et non dans un studio. Les .... jouaient mal. C'était censé être un film à suspense mais dès le début on devinait l'issue de l' .... Bref, j'ai détesté.

ENTRAÎNEMENT AU DELF B1

COMPRÉHENSION ORALE

67 Écoutez et répondez aux questions.

a. Quel est le thème de la bande dessinée dont parle cette émission ?

b. Vincent Djinda a réalisé sa bande dessinée
   1. en travaillant seul. ☐
   2. d'après un scénariste. ☐
   3. avec d'autres auteurs. ☐

c. De quoi s'est inspiré Vincent Djinda pour sa bande dessinée ?
   1. Du travail d'un peintre. ☐
   2. D'une série photographique. ☐
   3. D'une œuvre cinématographique. ☐

d. Cette bande dessinée a pour but de…
   1. faire entendre ☐
   2. modifier la situation ☐ … des personnes peu écoutées.
   3. apporter des solutions à ☐

e. Quels sentiments a ressenti la journaliste en lisant cette bande dessinée ?

f. Pour Vincent Djinda, les femmes présentes dans sa bande dessinée…
   1. montrent la diversité du monde. ☐
   2. expriment parfaitement notre époque. ☐
   3. donnent l'exemple pour vivre ensemble. ☐

COMPRÉHENSION ÉCRITE

Lisez ce texte et répondez aux questions.

Riad Sattouf : « Dans *Le jeune acteur*, avec Vincent Lacoste, je montre que le destin n'existe pas »

Vincent Lacoste a débuté, adolescent, dans un film hilarant tourné par Riad Sattouf et est devenu une pointure du cinéma français. Après *L'Arabe du futur*, et *Les Cahiers d'Esther*, le dessinateur Riad Sattouf publie une bande dessinée sur les débuts au cinéma du comédien dans son film *Les beaux gosses*.
(…)
Avant de se retrouver sur le plateau du film *Les beaux gosses*, Vincent Lacoste n'avait jamais imaginé travailler un jour dans le cinéma… Il doit sa rencontre avec le 7e art à un flyer déposé à la cantine de son collège Si cette nouvelle bande dessinée, *Le jeune acteur*, est truffée d'anecdotes sur le comédien, elle est avant tout un ouvrage plein d'humour sur un adolescent en mutation. Retranscrire la jeunesse avec justesse, tout un art chez Riad Sattouf.
(…)

« Dans ma bande dessinée, *L'Arabe du futur*, je racontais comment petit, ma grand-mère avait vu un de mes dessins et m'avais pris pour un génie. Et depuis j'ai eu envie de retrouver ce regard. Comme pour Vincent Lacoste. Quelqu'un lui a dit « Tu serais génial en acteur ». Des rencontres peuvent changer et décider d'une vie. J'adore rappeler qu'il n'y a pas de destin, ni don magique ou surnaturel. Cette BD est l'occasion de raconter comment quelqu'un d'anonyme peut, grâce à une transcendance artistique, exploser. »
(…)
J'aimerais bien refaire un film avec Vincent. On a quelques projets ensemble. Mais ma vraie passion reste la bande dessinée. J'adore être tout seul dans mon bureau à faire mes dessins. Tourner un film, avec une grande équipe rend un peu fou.

Anne Douhaire, *France Inter*, 26/10/21

a. Quels sont les métiers de Riad Sattouf ?
   1. Dessinateur ☐
   2. Acteur ☐
   3. Réalisateur ☐
   4. Psychologue ☐
b. La phrase : « Vincent Lacoste (...) est devenu une pointure du cinéma français. » signifie que ...
   1. Vincent Lacoste est devenu un acteur très célèbre dans le cinéma français. ☐
   2. Vincent Lacoste ne fait plus partie du cinéma français. ☐
c. Riad Sattouf publie une bande dessinée qui raconte la vie d'acteur de Vincent Lacoste.
   Vrai ☐   Faux ☐
d. Riad Sattouf raconte comment n'importe qui peut, grâce à du talent, devenir célèbre.
   Vrai ☐   Faux ☐
e. Pourquoi Riad Sattouf préfère la bande dessinée au cinéma ?
   ....
   ....

PRODUCTION ÉCRITE

Pour ou contre les films sur grand ou petit écran ?
Est-ce que vous préférez regarder un film dans une salle de cinéma ou sur un petit écran comme la télévision, une tablette ou un ordinateur ? Quel spectateur êtes-vous ? Donnez votre avis sur le meilleur moyen de regarder un film. (minimum 150 mots)

PRODUCTION ORALE

- **EXERCICE EN INTERACTION**

   Mettez-vous dans les conditions de l'examen : lisez le sujet, puis jouez cette situation avec un camarade ou votre professeur, sans préparation.

   Vous voulez tourner votre premier film. Vous demandez à un ami francophone de jouer dans votre film. Vous lui expliquez votre projet et tentez de le convaincre de devenir acteur dans votre film.

UNITÉ 12 — Je suis ma propre muse

LEÇON 1 • Artistes en tous genres

VOCABULAIRE

1 Trouvez les synonymes de ces mots.

a. Une muse
b. L'art urbain
c. Un tableau
d. Abstrait(e)
e. Un(e) amateur(rice)

1. Non-figuratif
2. Un(e) connaisseur(se)
3. Le street-art
4. Une toile
5. Une source d'inspiration

2 Complétez les phrases avec ces expressions.
(l') art – un(e) artiste – (une) œuvre d'art – (une) exposition – (un) musée

a. Niki de Saint Phalle est l'une des .... majeures du xxᵉ siècle.
b. Certains .... français vont restituer des œuvres à leur pays d'origine.
c. On peut visiter l'........................... permanente qui montre le travail de différents artistes contemporains.
d. Le street-art est l'........................... qui investit le domaine public.
e. La Joconde est une .... qui a été beaucoup détournée.

GRAMMAIRE

3 Reliez les phrases avec le pronom *dont* (complément du verbe).
Exemple : *En me réveillant, j'ai peint un tableau abstrait. J'avais rêvé de ce tableau abstrait.*
→ *En me réveillant, j'ai peint un tableau abstrait dont j'avais rêvé.*

a. Sam a organisé ce week-end un atelier de street-art. Il était très content de cet atelier.
....
b. Cet artiste peint des tableaux colorés et joyeux. Je me sens très proche de ces tableaux colorés et joyeux.
....
c. Tu es allé voir cette exposition ? Je t'ai parlé de cette exposition !
....

4 Reliez les phrases avec le pronom *dont* (complément du nom).
Exemple : *J'ai lu un livre sur le street-art. Les illustrations de ce livre sont magnifiques.*
→ *J'ai lu un livre sur le street-art dont les illustrations sont magnifiques.*

a. Mon amie peint des tableaux. J'apprécie la qualité de ses tableaux.
....
b. Hier soir, je suis allé voir l'exposition d'un artiste. J'avais lu l'interview de cet artiste.
....
c. Mamadou Boye Diallo a créé l'association Yataal Art. Le but de l'association est de donner une nouvelle vie au quartier de la Médina.
....
....

COMPRÉHENSION ÉCRITE

5 Lisez le texte et répondez aux questions.

Exposition internationale à Marrakech

Une exposition collective baptisée « Drawing Now » a lieu actuellement à Marrakech. Cette exposition réunit différents artistes d'univers artistiques variés mais qui représentent tous la culture populaire inspirée du Street et Pop Art.

C'est la BCK Art Gallery de Marrakech qui accueille jusqu'au début du mois de janvier prochain, cette exposition collective « Drawing Now » (Dessiner maintenant), occasion de mettre en lumière la culture populaire et les artistes qui la font vivre. Cette exposition est donc l'occasion pour trois artistes de renommée internationale à savoir : Benjamin Spark, Cali et Fouad Ceet, d'exposer leur vision de cette culture populaire, en s'inspirant à la fois du Street et Pop Art.

Pour confectionner leurs œuvres artistiques, ces artistes utilisent différentes techniques (dessin, graffiti, peinture…) mais chacun à sa manière de révéler sa représentation du dessin dans l'art contemporain. L'exposition « Drawing Now » se veut donc une invitation au public à venir découvrir comment le dessin peut se réinventer sous différentes formes.

Né en 1969, Benjamin Spark est un artiste franco-belge, qui vit et travaille à Bruxelles. À la fois peintre et plasticien, cet artiste met en scène des personnages issus de la bande dessinée, de la caricature, de la publicité et des symboles ancestraux de l'humanité. Il apparaît comme un acteur primordial de la « street pop » bruxelloise, une mouvance qui revendique la synthèse de la pop américaine et de la culture de l'art urbain européen. (…)

D'après la rédaction de l'*Opinion Maroc*, le mardi 21 Septembre 2021

a. Quels mouvements artistiques sont représentés lors de l'exposition « Drawing Now » ?

b. Quelles sont les techniques artistiques utilisées par les artistes ?

c. La « street pop » est un mouvement artistique qui mélange le pop art et l'art urbain.
Vrai ☐   Faux ☐

COMPRÉHENSION ORALE

6 🔊 68 Écoutez et répondez aux questions.

a. De quoi parlent ces deux personnes ?

b. Quelle est leur opinion ?

c. Quel est le seul point négatif ?

PRODUCTION ÉCRITE

7 Une fresque murale a été réalisée dans votre quartier. La mairie veut l'effacer et repeindre le mur en blanc. Vous écrivez à la mairie pour protester contre la destruction de cette œuvre. Vous expliquez votre goût pour cette œuvre, son avantage pour votre quartier, et vous demandez que cette œuvre soit gardée.

PRODUCTION ORALE

8 Répondez à ces questions.

a. Êtes-vous un amateur d'art ?
b. Êtes-vous pour ou contre le graffiti ?
c. Est-ce que vous avez déjà ressenti une émotion particulière en regardant une œuvre d'art ?

UNITÉ 12
LEÇON 2 • L'art à tout prix

VOCABULAIRE

1 **Complétez les phrases suivantes avec ces expressions.**

estimé – (des) collectionneur(s) – (un) commissaire-priseur – (une) vente aux enchères – (la) maison de vente – adjugé – (le) marché de l'art

J'ai assisté hier pour la première fois à une .... Je ne connais rien au .... mais j'étais curieuse d'assister à une vente. Le .... a très bien expliqué le fonctionnement de la vente. Il s'agissait d'une vente de peintures anciennes. Il y avait de nombreux .... dans la .... qui enchérissaient sur chaque tableau. Un de ces tableaux était .... à 10 000 euros mais il a été .... à 40 000 euros. C'était incroyable !

GRAMMAIRE

2 **Reliez le début de la phrase à la fin de la phrase correspondante.**

a. Je gagne beaucoup d'argent en vendant des tableaux, bien que...
b. Je crée des tableaux que de nombreuses personnes apprécient, pourtant...
c. J'ai assisté à une vente aux enchères intéressante, cependant...
d. J'ai vendu plusieurs tableaux, malgré...

1. ... j'exerce un autre métier pour pouvoir gagner ma vie.
2. ... leur mauvaise qualité : je les ai réalisés sans avoir d'inspiration.
3. ... je n'ai rien acheté.
4. ... je ne sache pas utiliser un pinceau !

3 **Complétez les phrases avec les expressions de la concession :** *bien que – malgré – cependant – pourtant – quand même.*

a. L'art africain possède de nombreuses qualités esthétiques, ... il est trop peu exposé dans les musées.
b. .... je sois passionnée par l'art contemporain, je ne peux pas m'acheter de pièces de collection.
c. Tu trouves ce tableau magnifique ? Regarde, ses couleurs sont .... mal choisies, elles sont agressives !
d. Je ne comprends pas : .... la beauté et l'originalité de ce tableau, il n'a jamais pu être vendu.
e. J'ai acheté ce tableau sans réfléchir ! .... il était un peu trop cher pour moi !

COMPRÉHENSION ORALE

4 🔊 **69 Écoutez et répondez aux questions :**

a. À quoi est consacrée cette vente aux enchères ?
....

b. Le public de la vente trouve les estimations basses.
Vrai ☐   Faux ☐

c. Les enchères peuvent être multipliées par 10 selon l'état de la carte.
Vrai ☐   Faux ☐   On ne sait pas ☐

COMPRÉHENSION ÉCRITE

5 Lisez le texte et répondez aux questions.

Ventes aux enchères : dans les pas de Catherine Deneuve

La vente exclusivement sur Internet orchestrée par la maison Artcurial se termine demain, le 14 septembre à 12 heures et l'on sait que les dernières minutes sont toujours intenses lors de ces enchères à distance. Et celles-ci ne devraient pas faire exception tant par le rayonnement de la comédienne au palmarès cinématographique extraordinaire qu'aux talents des créateurs qui ont chaussé les pieds de Peau d'âne. (…)
Cette vente dont le produit sera reversé aux Restos du cœur comprend des escarpins, des sandales, des cuissardes, des bottines griffées des plus grandes maisons : Louboutin, Yves Saint-Laurent, Louis Vuitton, Balenciaga, Manolo Blahnik, Prada ou encore Roger Vivier, estimés entre 30 et 150 euros. (…)
Vingt heures avant la fin des enchères sur Internet, les estimations ont déjà pratiquement toutes été doublées et durant les dernières minutes, les enchères vont furieusement s'emballer. Pour mettre toutes les chances de votre côté et emporter un lot, mettez des enchères automatiques et gardez le doigt sur la souris de votre ordinateur pour pouvoir enchérir jusqu'à la dernière seconde.

« Ventes aux enchères : dans les pas de Catherine Deneuve », par Myriam Simon, *Le Revenu*, publié le 13/09/2021

a. Cette vente aux enchères a lieu…
   1. dans la salle de vente d'Artcurial. ☐
   2. sur Internet. ☐

b. À qui l'argent de la vente sera-t-il reversé ?
....

c. Quel conseil est donné pour remporter une enchère ?
....

PRODUCTION ÉCRITE

6 Vous recevez ce courriel de votre ami Sam, artiste. Vous lui répondez pour lui donner votre opinion sur son projet et y participer en partageant vos idées avec lui.

De : sam@mail.be
Objet : idées pour une œuvre à vendre !

Salut !
Comment ça va ?
Tu sais que je fais du street-art, car je pense que l'art doit être accessible à tous. Mais j'aimerais gagner beaucoup d'argent, pour ensuite faire un musée dans la rue. Qu'en penses-tu ? Quelle œuvre originale je pourrais créer, qui aurait du succès sur le marché de l'art ? Je cherche des idées !
Des bisous
Sam

À : sam@mail.be
Objet : idées pour une œuvre à vendre !

....

PRODUCTION ORALE

7 Répondez aux questions.

a. Connaissez-vous un artiste ?
b. Qui sont les artistes célèbres dans votre pays ?
c. Si vous gagniez 1 million d'euros, achèteriez-vous une œuvre d'art ?

Je suis ma propre muse • Unité 12

UNITÉ 12

LEÇON 3 • L'humour et l'imaginaire à l'œuvre

VOCABULAIRE

1 Associez ces expressions à leur définition.

a. Admirer
b. Une performance artistique
c. Une BD
d. Humoristique
e. Le surréalisme

1. Ce sont les initiales du mot « bande dessinée » qui est une histoire illustrée par des dessins.
2. C'est un mouvement artistique qui a suivi la Première Guerre mondiale.
3. Drôle, amusant(e), marrant(e)
4. C'est une œuvre d'art qui peut être réalisée en direct.
5. Éprouver un sentiment de fascination.

PHONÉTIQUE

2 🔊 70 Écoutez les mots. [e] ou [ɛ] ? Cochez le son que vous entendez.

	[e]	[ɛ]
a.		
b.		
c.		
d.		
e.		
f.		
g.		
h.		
i.		
j.		

3 🔊 71 Écoutez et répétez les mots.

[e] : également – une BD – poétique – engagé – visiter – réaliser.

[ɛ] : air – j'avais – commentaire – très – l'univers – originaire.

[e] + [ɛ] : célèbre – s'émerveiller – la légèreté – émettre – des créations.

4 Écrivez 3 phrases avec le plus de son [e] et [ɛ] possibles. Puis lisez ces phrases à voix haute.

a. ....
b. ....
c. ....

COMPRÉHENSION ORALE

5 🔊 72 Écoutez et répondez aux questions.

a. De quoi parlent ces deux personnes ?
....

b. Citez les adjectifs positifs et négatifs qu'elles utilisent pour donner leur avis.

Adjectifs positifs : ....

Adjectifs négatifs : ....

c. D'après elles, à quoi doit servir l'art ?

Femme : ....

Homme : ....

Unité 12 • Je suis ma propre muse

COMPRÉHENSION ÉCRITE

6 Lisez le texte et répondez aux questions.

Exposition de Philippe Geluck : la mairie de Paris tente d'éteindre la polémique

L'artiste belge, connu pour sa bande dessinée Le Chat, expose jusqu'en juin des statues de bronze monumentales sur les Champs-Élysées. « Un sommet de mauvais goût », jugent certains.

À voir les mines réjouies de certains promeneurs ce week-end, l'exposition en plein air des statues monumentales de chat conçues par Philippe Geluck sur les Champs-Élysées entre la place de la Concorde et le rond-point plaisent plutôt. On y voit son célèbre matou écrasant une voiture, en tutu de danse, en Atlas soutenant un globe plein de déchets… (…)
Mais voilà : ces vingt œuvres en bronze de 2,7 mètres sont déposées sur l'espace public parisien. Les élections régionales approchent, la polémique n'a pas tardé. (…)
Dans ses interviews, Philippe Geluck admet volontiers que cette exposition itinérante doit lui permettre « de boucler le financement de son projet de futur musée du Chat et du dessin d'humour, dont l'ouverture est annoncée pour 2024 à Bruxelles. » Si elle est gratuite, les bénéfices sont attendus juste au coin de la rue. (…)
Aussitôt, les reproches ont fusé. Pour certains, les œuvres de Geluck sont « un sommet de mauvais goût, des sculptures de grandes surfaces ». Ceux-là regrettent l'époque où Paris exposait les statues monumentales de Botero et d'Ousmane Sow. (…)

Léna Lutaud, *Le Figaro*, le 30/03/2021

a. Cette exposition crée la polémique.
   Vrai ☐   Faux ☐

b. Relevez, dans le texte, la phrase qui exprime un avis positif sur l'exposition.
....

c. Relevez, dans le texte, les phrases qui expriment un avis négatif sur l'exposition.
....
....

PRODUCTION ÉCRITE

7 Racontez l'expérience artistique que vous avez le plus appréciée. Décrivez l'œuvre et pourquoi cela vous a plu. Racontez les sentiments que vous avez ressentis.
....
....
....
....
....

PRODUCTION ORALE

8 Répondez aux questions.
   a. Est-ce que l'art peut être drôle ?
   b. Qu'est-ce qui vous fait rire (films, acteurs-actrices comiques, BD, vidéos…) ?
   c. Connaissez-vous une blague en français ?

UNITÉ 12

LEÇON 4 • Histoires d'art

VOCABULAIRE

1 Complétez ces phrases avec ces expressions.

(un) vernissage – (le) cubisme – (l') impressionnisme – (une) œuvre abstraite.

a. Cette .... ne reflète pas l'image exacte du sujet qui est peint.

b. Hier soir, c'était le premier soir de son exposition, nous sommes donc allés à son ....

c. Le .... est le courant artistique qui représente les objets par des formes géométriques.

d. Les peintres appartenant au mouvement de l'............................. préféraient représenter leurs impressions plutôt que la réalité.

COMPRÉHENSION ÉCRITE

2 Lisez le texte et répondez aux questions.

L'Ivoirien Mounou Désiré Koffi recycle les portables en peinture

Mounou Désiré Koffi, artiste ivoirien de 26 ans, réalise des tableaux à partir de restes de téléphones mobiles. Une vingtaine de ses œuvres regroupées sous le titre Abidjan 2.0 sont exposées en ce moment à Paris.

Composer des tableaux avec de vieux claviers de téléphones portables abandonnés, ceux où il faut appuyer plusieurs fois sur une touche pour écrire une lettre, Mounou Désiré Koffi y pensait depuis longtemps. Le jeune homme, originaire de Buyo, dans l'ouest ivoirien, est sorti major de sa promotion au lycée d'enseignement artistique d'Abidjan avant de décrocher une licence aux Beaux-Arts de la capitale économique ivoirienne. Et il a très vite trouvé son style.

« Dès l'enfance, j'étais entouré par ces déchets » se souvient l'artiste, joint à Abidjan. « Je vivais dans un quartier très pollué. À l'époque, nous n'avions pas les moyens d'avoir des portables, c'était un objet précieux. Alors, j'ai décidé d'utiliser ces téléphones pour en faire des œuvres d'art ». (...)

Pour Olivier Sultan, le directeur de la galerie Art-Z qui l'accompagne depuis ses débuts, le peintre « réalise un heureux mariage entre l'impressionnisme et l'art figuratif ». (...)

Le peintre ivoirien définit ainsi une de ses missions : « Crier au secours pour alerter les autorités » sur les difficultés du peuple et la catastrophe écologique en cours.

Sébastien Jédor, *RFI*, 25/09/2021

a. Mounou Désiré Koffi est influencé par le mouvement surréaliste.
   Vrai ☐   Faux ☐

b. Quelle technique utilise Mounou Désiré Koffi ?
   ....

c. Quel est le message des tableaux de Mounou Désiré Koffi ?
   ....

COMPRÉHENSION ORALE

3 🔊 **73 Écoutez cette conversation et répondez aux questions.**

a. De quoi parlent les deux personnes ?
....

b. Pourquoi Loïc est-il déçu ?
....

c. Comment est le cours que Loïc suit ?
....

d. Comment est le cours où va Elsa ?
....

e. Qu'est-ce qu'Elsa propose à Loïc ?
....

PRODUCTION ÉCRITE

4 Vous êtes étudiant(e) en art. Hier soir, le vernissage de votre première exposition a eu lieu. Vous écrivez un petit article à ce propos dans le journal de votre école : décrivez vos tableaux et leur style, racontez le vernissage, et expliquez ce que vous avez ressenti.

....
....
....
....
....

PRODUCTION ORALE

5 Répondez aux questions.

a. Quel cours d'art préféreriez-vous suivre (art classique, expression personnelle, street art...) ?

b. Chacun peut-il être artiste ?

c. Apprend-on l'art plastique à l'école dans votre pays ? Qu'en pensez-vous, cela vous semble-t-il nécessaire ?

BILAN GRAMMAIRE

1 Complétez ces phrases.

a. C'est une artiste dont ....

b. Dans ma ville, l'exposition dont ....

c. Je participe à un atelier d'art dont ....

d. Tu voudrais aller au vernissage dont .... ?

e. Ce sont des tableaux dont ....

f. Y a-t-il une pratique artistique dont .... ?

2 À l'aide de la liste de verbes, écrivez des questions avec « dont », comme dans l'exemple.
Puis, posez ces questions à un camarade.
Attention : vous devrez donner une réponse avec une phrase entière !

Exemple : – *Quelles sont les peintures dont tu ne pourrais pas te passer ?*
Les peintures dont je ne pourrais pas me passer sont les peintures impressionnistes.

Liste de verbes à utiliser :
- rêver de
- être fier de
- être fan de
- se souvenir de
- se passer de

....
....
....
....
....

3 Complétez ce texte avec les expressions de la concession qui conviennent.
bien que – malgré – cependant – pourtant – quand même

J'ai étudié l'art plastique, et j'ai créé de nombreuses œuvres. ...., je n'ai pas réussi à en vendre

assez pour pouvoir en vivre. .... j'aie pris contact avec de nombreuses galeries, aucune n'a

souhaité m'exposer. .... je pense que mes œuvres sont originales et intéressantes. D'ailleurs,

.... ces nombreux refus des galeries, j'ai toujours reçu beaucoup de compliments quand

j'ai exposé mes toiles moi-même, dans la rue ou sur les réseaux sociaux. Je pense que, ...,

le marché de l'art contemporain n'est pas toujours juste.

4 Écrivez une phrase avec chacune des expressions de la concession.
bien que – cependant – pourtant – quand même

....
....
....
....

BILAN VOCABULAIRE

1 Quels sont les courants artistiques décrits ?

a. C'est un courant artistique de la fin du 19ème siècle qui met en avant les perceptions face à la réalité, c'est ....

b. C'est un courant artistique né de la Première guerre mondiale qui met en avant le rêve ou l'imaginaire face à la logique, c'est ....

c. C'est un courant artistique du début du 20ème siècle qui utilise des formes géométriques pour représenter les lignes naturelles, c'est ....

d. C'est un courant artistique de la fin du 20ème siècle qui utilise l'espace public comme lieu d'exposition, c'est ....

2 Le matériel du peintre : reliez ces images à leur nom.

a. Un chevalet
b. De la peinture
c. Un pinceau
d. Une palette

3 Reliez ces expressions à leur définition.

a. Une nature morte
b. Une exposition
c. Une galerie d'art
d. Une muse

1. C'est un événement qui montre le travail d'un artiste.
2. C'est la personne qui inspire l'artiste.
3. C'est un lieu où est exposé le travail des artistes et où on peut l'acheter.
4. C'est une peinture qui représente des objets ou des êtres inanimés.

4 Complétez les phrases avec les mots qui conviennent.

estimé(e)(s) – (des) collectionneur(s) – un(e) commissaire-priseur – (une) vente aux enchères – (la) maison de vente – adjuger – (le) marché de l'art

a. Aujourd'hui, à .... était organisée une vente de tableaux anciens.

b. .... ont acheté des cartes Pokémon. Certaines cartes étaient .... à 100.000 euros.

c. La .... a tapé sur la table pour .... la vente d'un tableau original.

d. Pendant les ...., les prix d'une œuvre peuvent largement augmenter.

e. .... contemporain africain est intéressant.

ENTRAÎNEMENT AU DELF B1

COMPRÉHENSION ORALE

Mettez-vous dans les conditions de l'examen : entre la première et la deuxième écoute, vous avez 30 secondes de pause. Après la deuxième écoute, vous avez une minute pour vérifier vos réponses.

1 🔊 74 Écoutez et répondez aux questions.

a. Ce festival accueille des artistes...
   1. du monde entier. ☐
   2. de différentes régions du pays. ☐
   3. de chaque quartier de la capitale. ☐

b. Pendant ce festival, les artistes devront...
   1. exprimer l'ambiance de la ville par leurs peintures. ☐
   2. reproduire sur les murs des œuvres du musée de la ville. ☐
   3. réaliser des fresques murales avec les habitants de la ville. ☐

c. Selon l'homme interviewé, le mur collectif permet...
   1. aux enfants de participer au festival. ☐
   2. aux débutants d'améliorer leurs pratiques. ☐
   3. aux visiteurs de comprendre le street-art. ☐

d. Que transmettront les artistes avec leurs peintures ?
   1. Des symboles de paix. ☐
   2. Des connaissances artistiques. ☐
   3. Des messages que chacun peut comprendre. ☐

2 Pour sa fresque murale, l'artiste interviewée a été inspirée par...
   1. l'énergie de sa grand-mère. ☐
   2. une commerçante vue au marché. ☐
   3. les artistes féminines qu'elle admire. ☐

3 Que montrera la fresque de l'artiste interviewée ?
   1. Le rôle social des femmes. ☐
   2. L'importance de la famille. ☐
   3. Le dynamisme de l'art féminin. ☐

COMPRÉHENSION ÉCRITE

Lisez le texte et répondez aux questions.

a. À quel courant artistique appartient Invader ?
   1. Le surréalisme ☐   3. Le cubisme ☐
   2. L'art urbain ☐   4. L'art abstrait ☐

b. Quelle est la technique qu'utilise Invader ?
   1. La sculpture ☐   3. Le graffiti ☐
   2. La mosaïque ☐   4. La peinture ☐

c. L'exposition a lieu dans une galerie d'art.
   Vrai ☐   Faux ☐

d. Les œuvres d'Invader ne sont visibles qu'à Marseille.
   Vrai ☐   Faux ☐

e. On peut jouer à trouver les œuvres d'Invader.
   Vrai ☐   Faux ☐

LES DRÔLES DE CRÉATURES EN MOSAÏQUES DU STREET ARTISTE INVADER S'INSTALLENT À MARSEILLE

C'est une exposition à ciel ouvert où les œuvres d'art se cachent dans les rues de Marseille (Bouches-du-Rhône). Arriverez-vous à trouver les « Space Invader », comprendre « les envahisseurs de l'espace » ? Le principe est de les chercher, les trouver, pour les prendre en photo et gagner des points via une application dédiée. En août dernier, une centaine de ces mosaïques ont envahi la ville pour le plus grand bonheur de ses habitants. « *C'est comme un jeu vidéo en réalité* », explique une jeune femme, dans le 19/20 du samedi 10 octobre. « *Cela permet de voir un peu Marseille sous d'autres faces* », témoigne une autre.

Le cerveau de cette opération : Invader. L'un des artistes les plus mystérieux du street art. Inspiré par l'univers du jeu vidéo, il commence à coller de petits personnages en mosaïques dans les rues de Paris. Vingt-quatre ans plus tard, on peut trouver ses œuvres partout à travers le monde. Jusque dans la station spatiale internationale.

Le point de départ de cette invasion : le MAMO, musée d'art contemporain situé sur le toit de la Cité Radieuse, bâtiment emblématique de Marseille construit par l'architecte Le Corbusier. Fondateur de ce musée qui a accueilli parmi les plus grands artistes contemporains, le designer Ora-ïto est le complice d'Invader. Il a mis l'espace à disposition de l'artiste pour qu'il y installe son atelier.

Francetvinfo.fr, mis à jour le 18/11/2020

PRODUCTION ÉCRITE

Vous recevez un message. Vous répondez à ce message en exprimant vos opinions. (140 mots minimum)

> Coucou, comment tu vas ?
> Ma mère travaille dans un hôpital pour enfants.
> On aimerait beaucoup faire quelque chose pour aider les enfants et on a eu une bonne idée.
> On aimerait peindre la salle de jeux, le hall et la cantine de l'hôpital.
> Qu'est-ce que tu en penses ? Tu sais peindre ?
> Tu as des idées pour choisir le style et le sujet des peintures ?
> Je compte sur toi.
> Bisous.

PRODUCTION ORALE

1. Exercice en interaction

Mettez-vous dans les conditions de l'examen : lisez le sujet, puis jouez cette situation avec un camarade ou votre professeur, sans préparation.

> Ce week-end a lieu un festival d'art de rue dans votre ville. Vous proposez à un(e) ami(e) francophone d'y aller avec vous.
> Votre ami(e) n'est pas intéressé(e) et n'apprécie pas l'art de rue. Vous essayez de lui expliquer les qualités de l'art de rue, et tentez de le/la convaincre de venir avec vous.

2. Monologue sur l'expression d'un point de vue

Dégagez le thème soulevé par le document et présentez votre opinion sous la forme d'un exposé personnel de 3 minutes environ.

Mettez-vous dans les conditions de l'examen : vous avez 10 minutes pour lire le sujet et noter sur votre brouillon vos idées principales.

> ### « Art selfie » : de l'art ?
>
> De passage à Paris, des stars ont posé devant la Joconde. Ces photos sont caractéristiques du mouvement « Art Selfie » : faire un selfie devant une œuvre d'art.
> Les musées y voient un moyen de faire interagir les visiteurs avec les œuvres d'art, et de favoriser leur communication.
> La pratique de l'Art Selfie pose cependant un certain problème : les gens qui se prennent en selfie tournent le dos à l'œuvre. Le musée devient un lieu où on se promène sans regarder les œuvres d'art. L'œuvre d'art sert juste de décor pour une photo de soi-même.
> Mais peut-être l'Art Selfie est-il une nouvelle forme esthétique, un changement de l'œuvre d'art : celui qui prend son selfie devant une œuvre d'art n'est plus spectateur, il devient acteur. Marcel Duchamp disait que le spectateur complète le travail de l'artiste.
>
> D'après Alexis Chol, *FastNcurious*.fr

DELF BLANC 1

COMPRÉHENSION DE L'ORAL

... / 25 points

Mettez-vous dans les conditions de l'examen : entre la première et la deuxième écoute, vous avez 30 secondes de pause. Après la deuxième écoute, vous avez une minute pour vérifier vos réponses.

1. 🔊 75 Exercice 1

... / 7 points

Écoutez et répondez aux questions.

1. Pourquoi Camille est-elle stressée ?
   a. Son emploi du temps est trop rempli. ☐
   b. Elle a de nombreuses réunions de travail. ☐
   c. Beaucoup d'amis vont venir lui rendre visite. ☐

2. Que propose Benoît à Camille ?
   a. De faire du sport le week-end. ☐
   b. D'aller écouter de la musique. ☐
   c. De voir des pièces de théâtre. ☐

3. Que va visiter Camille samedi après-midi ?
   a. Un parc. ☐
   b. Un logement. ☐
   c. Une exposition. ☐

4. Camille voudrait que Benoît...
   a. l'héberge. ☐
   b. la conseille. ☐
   c. l'accompagne. ☐

5. Benoît parle d'un festival avec des artistes ...
   a. célèbres. ☐
   b. étonnants. ☐
   c. internationaux. ☐

6. À propos de la chanteuse Beryl, Camille explique...
   a. qu'elle adore toutes ses créations. ☐
   b. qu'elle la suit sur les réseaux sociaux. ☐
   c. qu'elle communique souvent avec elle. ☐

2. 🔊 76 Exercice 2

... / 9 points

Écoutez et répondez aux questions.

1. Isabelle Gremillet lit un conte...
   a. en utilisant deux langues. ☐
   b. pour expliquer une activité. ☐
   c. parlant d'un voyage au Sénégal. ☐

2. Isabelle Gremillet explique que les images sont utilisées pour...
   a. attirer le public. ☐
   b. créer des beaux livres. ☐
   c. s'adresser aux enfants. ☐

3. Que vont faire les enfants avec leur boîte à images ?
   a. Imaginer une histoire à raconter. ☐
   b. Apprendre à dessiner une histoire. ☐
   c. Se souvenir de l'histoire entendue. ☐

4. Pour la maman interviewée, les histoires du bus-bibliothèque...
   a. montrent une Afrique imaginaire. ☐
   b. permettent de découvrir l'Afrique. ☐
   c. donnent envie de voyager en Afrique. ☐

5. Isabelle Gremillet explique que le bus-bibliothèque peut...
   a. se déplacer dans de nombreux endroits. ☐
   b. s'adresser à des familles de diverses origines. ☐
   c. créer des liens entre les parents et leurs enfants. ☐

6. Selon Isabelle Gremillet, le bus-bibliothèque permet...
   a. d'offrir aux villages une vraie bibliothèque. ☐
   b. de créer des liens entre les différentes cultures. ☐
   c. d'aller vers les enfants qui connaissent peu les livres. ☐

7. Pourquoi l'équipe du bus-bibliothèque ira-t-elle à Dakar ?
   a. Pour préparer un festival littéraire. ☐
   b. Pour raconter des contes aux enfants. ☐
   c. Pour rencontrer de nouveaux auteurs. ☐

3. 🔊 Exercice 3 ... / 9 points

Écoutez et répondez aux questions.

1. D'après Cyril Hergott, qu'est-ce qui est le plus polluant dans une journée de travail ?
   a. Les déplacements effectués. ☐
   b. Les outils numériques utilisés. ☐
   c. L'énergie électrique consommée. ☐

2. Le papier utilisé dans les bureaux représente...
   a. la majorité des déchets produits. ☐
   b. la matière première du papier recyclé. ☐
   c. l'objet le plus remplacé par les outils numériques. ☐

3. Selon Cyril Hergott, le recyclage...
   a. progresse dans toute la société. ☐
   b. se pratique plus chez les particuliers. ☐
   c. est largement soutenu par les entreprises. ☐

4. Que conseille Cyril Hergott à propos des ordinateurs ?
   a. La durée de leur utilisation doit être prolongée. ☐
   b. La gestion de sa réutilisation doit être mieux pensée. ☐
   c. Les conditions de sa production doivent être améliorées. ☐

5. Le journaliste et Cyril Hergott soulignent que...
   a. les envois de courriels ☐
   b. les importations et exportations ☐ .... polluent grandement.
   c. les déplacements internationaux ☐

6. Concernant les documents à transmettre à des collègues, que conseille Cyril Hergott ?
   a. De les donner en se déplaçant. ☐
   b. De les imprimer le moins possible. ☐
   c. De les envoyer dans des mails groupés. ☐

7. Que conseille Cyril Hergott pour réduire l'impact des trajets domicile-travail ?
   a. De développer les pistes cyclables. ☐
   b. D'améliorer les transports en commun. ☐
   c. De réduire les déplacements individuels en voiture. ☐

COMPRÉHENSION DES ÉCRITS ... / 25 points

Mettez-vous dans les conditions de l'examen : prenez 45 minutes pour faire ces 3 exercices de compréhension écrite.

Exercice 1 ... / 8 points

Vous allez vous marier l'été prochain, vous êtes à la recherche de la salle parfaite pour votre fête.
Vous cherchez une salle qui correspond à vos critères :
– une capacité d'accueil pour 100 personnes ;
– un service de restauration ;
– un espace vert ;
– la proximité d'une gare.

DELF BLANC 1

Vous comparez ces annonces. Pour chaque annonce, cochez (☒) OUI si cela correspond aux critères ou NON si cela ne correspond pas.

La villa romantique	OUI	NON
1. capacité d'accueil pour 100 personnes		
2. service de restauration		
3. espace vert		
4. proximité d'une gare		

La villa romantique

La villa romantique vous offre des prestations de qualité pour votre mariage, vos anniversaire ou vos séminaires. Grande salle d'une capacité de 200 personnes et proposant un vestiaire, un service de traiteur et une cuisine équipée. En plein cœur du centre-ville, dans un bâtiment historique possédant une grande terrasse qui offre une vue magnifique sur la ville. Proche de la gare et accessible en bus et voiture.

Le jardin secret	OUI	NON
1. capacité d'accueil pour 100 personnes		
2. service de restauration		
3. espace vert		
4. proximité d'une gare		

Le jardin secret

Un havre de paix et de verdure, *Le jardin secret* est un cadre parfait pour célébrer votre union. Notre restaurant comprend une salle pouvant accueillir de 50 à 80 personnes, une cuisine toute équipée et un jardin de 2 hectares.
Accessible via l'autoroute A2, le jardin secret offre un cadre champêtre pour votre cérémonie.
Possibilité de réserver durant plusieurs jours avec de nombreux hôtels à proximité.

La Bella Vita	OUI	NON
1. capacité d'accueil pour 100 personnes		
2. service de restauration		
3. espace vert		
4. proximité d'une gare		

La Bella Vita

La Bella Vita, c'est l'Italie pour votre mariage ! Une belle salle pour environ 200 personnes décorée pour vous faire voyager à Venise, un jardin et un balcon pour rejouer Roméo et Juliette à Vérone et tout cela en plein cœur de la ville, proche de toutes les commodités et de la gare. Nous vous proposons aussi un service de restauration de 35€ par couvert avec les spécialités de notre chef Giacomo.

Le petit Versailles	OUI	NON
1. capacité d'accueil pour 100 personnes		
2. service de restauration		
3. espace vert		
4. proximité d'une gare		

Le petit Versailles

Notre restaurant *Le petit Versailles* vous accueille, vous et vos invités, pour un mariage royal. Situé en plein cœur d'une grande forêt, nous sommes accessibles via la RN462. Au calme, entouré de ce cadre bucolique et de notre belle fontaine, *Le petit Versailles* rendra votre journée exceptionnelle et inoubliable. Notre restaurant permet d'accueillir environ 60 personnes et propose aussi l'hébergement.

Exercice 2
Lisez ce texte et répondez aux questions.

.../ 8 points

Une question d'équilibre

Laurentine Véron et Fanny Sauvade ont créé il y a une dizaine d'années l'association Apsytude. Que signifie ce nom ? A pour Association, PSY pour Psychologue et TUDE pour Études !

Cette association regroupe une équipe de psychologues, environ 50 au total, et s'occupe de la santé psychologique des étudiants et des étudiantes. Cela est important, car, comme l'explique Laurentine Véron : « Nous avons dressé un constat : après le baccalauréat, il y a beaucoup de nouveautés, et le quotidien peut être chamboulé. On leur demande beaucoup d'autonomie, ce qui est difficile à acquérir. » En effet, les étudiants sont parfois séparés de leur famille, changent de pays, entrent en stage et donc dans un monde professionnel, doivent assumer un travail à côté des études… Tout cela demande beaucoup de maîtrise de soi, et n'est pas évident à assumer. « Notre objectif est donc de nous occuper du bien-être des étudiantes et étudiants. En Nouvelle-Aquitaine, nous travaillons en partenariat avec le Crous* depuis la rentrée scolaire 2015. Dès le début, nous avons été grandement sollicités. À Bordeaux, l'Espace santé absorbait une partie des demandes, mais ce n'était pas suffisant. »

De plus, la santé psychologique reste souvent taboue, dans le milieu étudiant comme dans tout le territoire français. Apsytude a donc développé un discours intelligent et intelligible pour déconstruire les préjugés, afin de sensibiliser les étudiants à leur bien-être psychologique. En Nouvelle-Aquitaine, Apsytude propose des « Happy Hours », c'est-à-dire des consultations de 30 à 45 minutes avec un ou une psychologue, directement dans les résidences universitaires. Ces consultations peuvent être ponctuelles ou suivies sur l'année, selon le besoin de l'individu. À Bordeaux, 9 heures de consultations sont proposées par semaine. « Il s'agit d'aider les étudiants à analyser leurs difficultés, à travailler sur leurs pensées et leurs comportements pour retrouver un équilibre pour appréhender les études et la vie plus sereinement. » Pour les étudiants étrangers, les consultations peuvent se dérouler en anglais. […] Apsytude développe aussi la Happy Line, des consultations par webcam, afin de toucher les étudiantes et étudiants présents sur les campus où ne sont pas les psychologues, ainsi que ceux qui ne peuvent pas se déplacer.

* Le Crous : Le Centre Régional des Œuvres Universitaires et Scolaires.
D'après Camille Galy, *Campus*, octobre 2019.

1. D'après Laurentine Véron, les étudiants ont besoin d'un soutien psychologique car…
   a. leurs conditions de vie sont transformées. ☐
   b. l'objectif de réussite universitaire génère du stress. ☐
   c. les difficultés financières créent des situations complexes. ☐

2. D'après l'article, les étudiants se trouvent éloignés du monde du travail.
   Vrai ☐   Faux ☐

3. Les services de l'association Apsytude ont toujours été très demandés.
   Vrai ☐   Faux ☐

4. Pourquoi l'association Apsytude communique-t-elle pour changer l'image de la psychologie ?
   a. Afin d'aider de plus nombreux patients. ☐
   b. Dans le but de faire connaître ses activités. ☐
   c. Pour que les étudiants prennent soin d'eux-mêmes. ☐

5. Avec Apsytude, dans les résidences universitaires, les étudiants…
   a. peuvent avoir des entretiens avec des psychologues. ☐
   b. vont être en contact avec un psychologue dès leur arrivée. ☐
   c. trouveront dans leur chambre des informations sur la psychologie. ☐

6. L'objectif des consultations d'Apsytude est…
   a. d'apporter une tranquillité de vie. ☐
   b. de mieux comprendre sa personnalité. ☐
   c. de trouver une solution à chaque problème. ☐

7. Apsytude utilise les nouvelles technologies pour sa pratique.
   Vrai ☐   Faux ☐

DELF BLANC 1

Exercice 3
Lisez ce texte et répondez aux questions.

... / 9 points

Nos étudiants en finale !

Grâce au soutien de notre ville, six étudiants de l'École nationale des jeux et médias ont défendu leur jeu vidéo, créé pendant leur première année de Master, au festival du jeu indépendant (IGF) à San Francisco, l'événement référence en la matière... Si elle n'a pas remporté le prix « meilleur jeu étudiant » pour lequel elle concourait, leur équipe a vécu une expérience magique !

Lorsqu'ils ont choisi, comme projet d'équipe pour leur première année de Master, le prototype que l'un des membres de l'équipe avait imaginé avec son frère pendant ses vacances de Noël, les six étudiants de l'équipe n'imaginaient pas que leur souriant personnage, Paper Guy, les emmènerait jusqu'à San Francisco. « En revanche, nous avons rapidement cru à son potentiel, explique l'équipe, et l'IGF, un gros festival, mais ouvert aux étudiants, nous est apparu comme un bon objectif pour se motiver, ambitieux mais pas inatteignable... »

Et de fait, pendant que leur équipe rendait ce jeu accessible à tous gratuitement sur internet, après leur soutenance, *It's Paper Guy !*, leur jeu vidéo, participait aussi à de nombreux salons et était retenu dans la sélection officielle de l'IGF.

« Même si nous n'avons pas gagné, l'expérience était fabuleuse... Il y avait 30 000 personnes à ce festival, dont des auteurs de jeux très connus, des gens que nous admirons et avec lesquels nous avons échangé très simplement. Et puis, 30 000 personnes qui ont pu tester notre jeu ! Cela nous a aussi permis de mieux appréhender l'industrie du jeu vidéo – les grandes entreprises, les petits studios, les indépendants – et de mieux comprendre le monde dont nous ferons bientôt partie, dès la fin de nos stages de fin d'étude. »

D'après *L'Actu*, Mai-Juin 2019

1. L'équipe d'étudiants a reçu une récompense au festival de San Francisco.
   Vrai ☐   Faux ☐

2. L'idée de leur jeu vidéo est apparue pendant des vacances en famille.
   Vrai ☐   Faux ☐

3. L'équipe a décidé de concourir au festival de San Francisco...
   a. par envie de réussite.
   b. car ils aiment la compétition.
   c. pour trouver de la motivation.

4. Après sa soutenance, l'équipe...
   a. a mis ce jeu vidéo en ligne.
   b. a testé ce jeu chez des particuliers.
   c. a commencé à commercialiser ce jeu.

5. Qu'est-ce que cette équipe d'étudiants a apprécié au festival de San Francisco ?
   a. Les nouvelles créations qu'ils ont pu tester.
   b. Les compliments sur leur jeu qu'ils ont reçus.
   c. Les rencontres intéressantes qu'ils ont faites.

6. Au festival de San Francisco, cette équipe d'étudiants a pu avoir une meilleure compréhension...
   a. du commerce des jeux vidéo.
   b. des goûts du public en jeux vidéo.
   c. du monde professionnel du jeu vidéo.

7. Pendant le festival de San Francisco, ces étudiants ont trouvé des emplois ou des stages.
   Vrai ☐   Faux ☐

PRODUCTION ÉCRITE

… / 25 points

Vous recevez ce mail de votre ami Sébastien.

De : sébastien@gmail.com
Objet : Paris ou Biarritz ?

Hello !
Comment vas-tu ?
Je viens de recevoir une proposition intéressante de mon employeur, il me propose un poste à Biarritz. Je ne sais pas du tout quoi faire. J'aime ma vie à Paris et en même temps Biarritz au bord de l'océan me fait aussi envie. Je suis perdu : ville ou océan ? Qu'est-ce que tu en penses ?
Passe une bonne journée…
Bises
Sébastien

Vous répondez à votre ami Sébastien.
Vous lui donnez votre opinion en expliquant les avantages et les désavantages. (160 mots minimum)

À : sébastien@gmail.com
Objet : Paris ou Biarritz ?

PRODUCTION ORALE

… / 25 points

Exercice 1 : Entretien dirigé
Après avoir salué votre examinateur, vous vous présentez : vous expliquez votre situation familiale, scolaire et professionnelle ainsi que vos projets pour l'année à venir.

Exercice 2 : Exercice en interaction
Mettez-vous dans les conditions de l'examen : choisissez un sujet, lisez-le, puis jouez cette situation avec un camarade ou votre professeur, sans préparation.

Sujet 1 : Vous devez partir en week-end avec un ami et vous avez déjà tout organisé. À la dernière minute, votre ami vous annonce qu'il ne souhaite plus partir. Vous essayez de comprendre ses raisons et de le convaincre de partir. L'examinateur joue le rôle de votre ami.

Sujet 2 : Votre voisin organise des fêtes toutes les semaines qui vous empêchent de dormir. Vous allez le voir pour en parler. Vous lui expliquez votre point de vue et lui demandez de trouver une solution. L'examinateur joue le rôle de votre voisin.

Exercice 3 : Monologue sur l'expression d'un point de vue
Dégagez le thème soulevé par le document et présentez votre opinion sous la forme d'un exposé personnel de 3 minutes environ.
Mettez-vous dans les conditions de l'examen : vous avez 10 minutes pour lire le sujet et noter sur votre brouillon vos idées principales.

Miss France : plusieurs femmes et une association portent plainte contre le concours

Une association et plusieurs femmes ont porté plainte contre le comité Miss France, pour « discrimination » et « non-respect du Code du travail ». Dans leur viseur, le temps passé à préparer le concours non rémunéré, et les critères de sélection, jugés discriminatoires et contraires au Code du travail. « Le fait de ne pas fumer et de ne pas boire en public, d'être célibataire, de ne pas avoir été mariée, de ne pas être veuve… Tout ça, c'est illégal », martèle Maître Filippis-Abate, avocate de l'association « Osez le féminisme ».

Un concours archaïque ?
De nombreux téléspectateurs le jugent eux aussi dépassé. « Rétrograde », juge un homme interrogé par France Télévisions, tandis qu'une femme estime que l'on « devrait plutôt valoriser les femmes autrement ». La société Miss France refuse de faire signer un contrat de travail aux candidates. Elle se dit prête en revanche à faire évoluer les critères de sélection.

D'après *www.franceinfo.fr*

DELF BLANC 2

COMPRÉHENSION DE L'ORAL

... / 25 points

Mettez-vous dans les conditions de l'examen : entre la première et la deuxième écoute, vous avez 30 secondes de pause. Après la deuxième écoute, vous avez une minute pour vérifier vos réponses.

1 🔊 78 Exercice 1

... / 7 points

Écoutez et répondez aux questions.

1. Pourquoi Benjamin s'excuse-t-il ?
   a. Il est arrivé en retard. ☐
   b. Il s'est perdu sur la route. ☐
   c. Il a oublié d'appeler son amie. ☐

2. Avant de retrouver Olivia, Benjamin...
   a. a cherché un objet dans le cinéma. ☐
   b. a trouvé un emploi dans un cinéma. ☐
   c. a regardé un film policier au cinéma. ☐

3. Qu'est-ce que Benjamin a fait avec Guillaume ?
   a. Des travaux à la maison. ☐
   b. Une compétition sportive. ☐
   c. Des activités dans la nature. ☐

4. Qu'est-ce que Benjamin voudrait faire avec Olivia ?
   a. Aller à la montagne. ☐
   b. Lui présenter des amis. ☐
   c. Suivre un cours de photographie. ☐

5. Selon Olivia, pour trouver son téléphone, Benjamin devra...
   a. déposer une demande. ☐
   b. aller aux objets trouvés. ☐
   c. attendre l'équipe de ménage. ☐

6. Benjamin ira au cinéma pour...
   a. demander des renseignements. ☐
   b. donner son contact par courriel. ☐
   c. obtenir leur numéro de téléphone. ☐

2 🔊 79 Exercice 2

... / 9 points

Écoutez et répondez aux questions.

1. Avec la naissance de sa fille, Marion a voulu...
   a. prendre un meilleur soin de sa santé. ☐
   b. agir pour la protection de l'environnement. ☐
   c. créer des produits adaptés à sa personnalité. ☐

2. Pour créer Apiketa, Marion...
   a. a suivi une formation. ☐
   b. a choisi le prénom de sa fille. ☐
   c. a été employée par un savonnier. ☐

3. Qu'est-ce que Marion fabrique ?
   a. Des produits de nettoyage. ☐
   b. Des produits de maquillage. ☐
   c. Des flacons de parfums naturels. ☐

4. Qu'est-ce que Marion apprécie dans ces produits bio ?
   a. Chacun peut les fabriquer soi-même. ☐
   b. Les ingrédients nécessaires sont simples. ☐
   c. Ils peuvent être utilisés de diverses manières. ☐

5. Les produits de Marion...
   a. sont vendus peu chers. ☐
   b. sont appréciés par les clients. ☐
   c. sont conseillés en cas de problème de santé. ☐

6. Quelle est la particularité des emballages des savons ?
   a. Leurs étiquettes sont recyclables. ☐
   b. Leurs contenants sont réutilisables. ☐
   c. Leurs matériaux sont biodégradables. ☐

7. Que conseille Marion de faire avec les emballages ?
   a. Les trier pour permettre le recyclage. ☐
   b. Les réutiliser pour éviter le gaspillage. ☐
   c. Les ramener chez elle pour les échanger. ☐

3 🔊 80 Exercice 3

Écoutez et répondez aux questions.

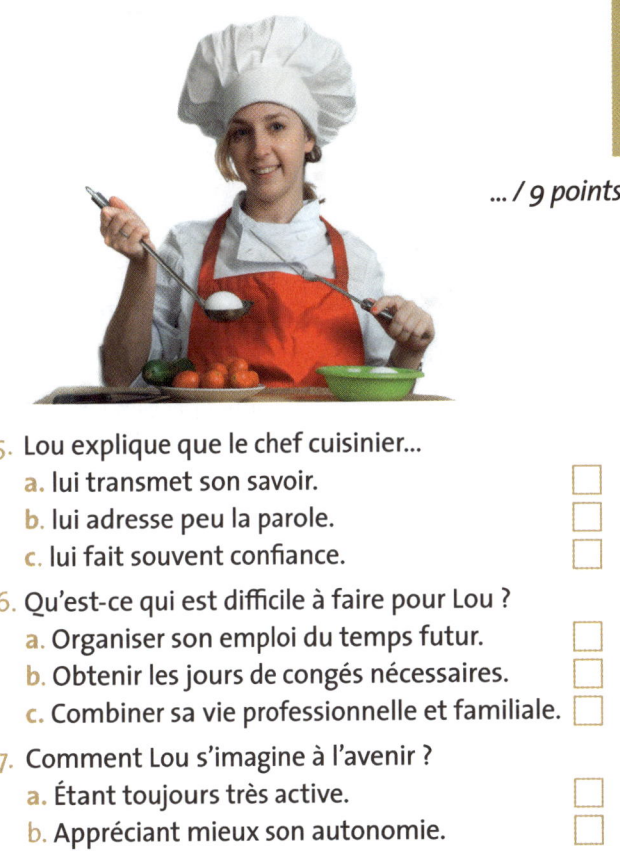

.../ 9 points

1. Quelle est la situation de Lou ?
   a. Elle a obtenu son premier emploi. ☐
   b. Elle fait des études professionnelles. ☐
   c. Elle participe à l'ouverture d'un restaurant. ☐

2. Quel sentiment ressent principalement Lou ?
   a. La joie. ☐
   b. La fatigue. ☐
   c. La curiosité. ☐

3. Sur quels plats travaille Lou en ce moment ?
   a. Le salé. ☐
   b. La pâtisserie. ☐
   c. Les repas végétariens. ☐

4. Lou apprécie vraiment...
   a. de créer des plats personnalisés. ☐
   b. d'apprendre de nouvelles pratiques. ☐
   c. de rechercher des saveurs originales. ☐

5. Lou explique que le chef cuisinier...
   a. lui transmet son savoir. ☐
   b. lui adresse peu la parole. ☐
   c. lui fait souvent confiance. ☐

6. Qu'est-ce qui est difficile à faire pour Lou ?
   a. Organiser son emploi du temps futur. ☐
   b. Obtenir les jours de congés nécessaires. ☐
   c. Combiner sa vie professionnelle et familiale. ☐

7. Comment Lou s'imagine à l'avenir ?
   a. Étant toujours très active. ☐
   b. Appréciant mieux son autonomie. ☐
   c. Donnant de l'importance aux vacances. ☐

COMPRÉHENSION DES ÉCRITS

.../ 25 points

Mettez-vous dans les conditions de l'examen : prenez 45 minutes pour faire ces 3 exercices de compréhension écrite.

Exercice 1

.../ 8 points

Vous venez de vous installer à Metz. Vous voulez avoir un mode de vie sain et responsable.
Vous cherchez des lieux adaptés où il est possible de trouver :
– des objets de seconde main ;
– des produits régionaux ;
– des activités en groupe ;
– des conseils pour réduire ses déchets.

Vous comparez ces annonces. Pour chaque annonce, cochez (☒) OUI si cela correspond à ce que vous cherchez ou NON si cela ne correspond pas.

Doux et vert
12, place Saint-Jacques

Avec sa double expérience de marathonien et de professionnel en cardiologie, Christophe connait l'importance de l'alimentation dans la santé. Il a donc décidé de quitter l'univers médical pour ouvrir un restaurant où l'on trouve une sélection de plats chauds, soupes, tartes salées, desserts, mais aussi des glaces artisanales maison. Pour garantir saveur et fraîcheur, Christophe choisit des fournisseurs locaux et bio.
Et si les plats vous semblent trop copieux, vous pourrez ramener chez vous votre petit sac pour le dîner !

Doux et vert		
	OUI	NON
1. objets de seconde main		
2. produits régionaux		
3. activités en groupe		
4. conseils sur la réduction des déchets		

DELF BLANC 2

La lunetterie du coin
239, centre commercial Saint-Jacques

Depuis des années, Romain avait un mode de vie « zéro déchet ». Lunettier de profession, il imagine alors un concept assez simple : reprendre entre 20 et 70 euros toutes les montures qu'on lui rapporte, les rénover et les revendre avec une marge de 20 euros. Sur ces montures, comme neuves, il met des verres neufs adaptés à votre vue. Résultat : vous pouvez avoir des montures haut de gamme à des prix très bas, ou transmettre vos anciennes montures à quelqu'un d'autre !
Et si vous préférez les montures neuves, Romain favorise des fabricants qui regardent de près les émissions de CO_2 ou les matériaux utilisés.

La lunetterie du coin		
	OUI	NON
1. objets de seconde main		
2. produits régionaux		
3. activités en groupe		
4. conseils sur la réduction des déchets		

M-TISS, Café Littéraire
16, rue de la Fontaine

« M. comme métissage et Tiss comme tissage, connexion des valeurs humaines », explique Jean Dib Ndour derrière son comptoir. Écrivain franco-sénégalais, il a ouvert ce lieu propice à l'échange, spontané ou plus formel. Dans un cadre vintage, avec des étagères où l'on peut déposer et/ou prendre des livres à souhait, Jean organise des cafés philo, des lectures, des présentations, des concerts, des séances de contes pour les plus jeunes, des soirées pour apprendre l'anglais… Bref, un programme riche et varié !
Côté consos, Jean propose jus, cafés et thés, tous bios.

M-TISS, Café Littéraire		
	OUI	NON
1. objets de seconde main		
2. produits régionaux		
3. activités en groupe		
4. conseils sur la réduction des déchets		

Fox
6, rue Gambetta

Voilà un bel endroit chaleureux. Les fauteuils et les tables sont anciens et créent une ambiance très agréable. Sur les tables, vous trouverez des guides pleins d'informations pour mieux gérer ses poubelles et gaspiller le moins possible. On se sent ici comme à la maison, car on peut boire du café à volonté grâce à l'offre « café-travail » : pour 3,50 € on peut rester toute la journée avec une bonne connexion Wifi ! À deux pas de la gare, c'est un lieu idéal pour les travailleurs nomades. Si vous n'aimez pas le café, vous pourrez aussi déguster des jus de fruits locaux ou des thés bio. Pour manger, l'accent est mis sur les produits locaux.

Fox		
	OUI	NON
1. objets de seconde main		
2. produits régionaux		
3. activités en groupe		
4. conseils sur la réduction des déchets		

Exercice 2
Lisez ce texte et répondez aux questions.

.../ 8 points

Démos, bien plus qu'un orchestre

Depuis dix ans, le dispositif Démos propose un apprentissage de la musique classique à des enfants [...].
« Je voulais apprendre la musique, avoir un instrument, jouer des mélodies [...] » ; « La première fois que j'ai été dans l'orchestre, c'était magique ! Tous ces instruments très beaux : altos, violons, violoncelles, contrebasses... » ; « Je voyais Walter, mon prof, assis sur sa chaise, jouer du violoncelle : ça m'a donné envie d'être à sa place » ; « À la fin de l'année, nous jouerons dans une grande salle magnifique, avec plus de 1000 chaises… C'est sûr : je vais stresser ! » Matthias et Johanna, Léo et Léa, disent leur joie de découvrir la musique. [...]
Avec leurs copains et leurs animateurs, ils sont venus [...] à la prestigieuse Philharmonie de Paris pour une répétition d'une journée en tutti* de l'orchestre Val d'Oise, dont ils font partie [...].
Eux qui, auparavant, n'avaient jamais touché un instrument, voire jamais écouté de musique classique, bénéficient d'un apprentissage en cours collectifs, durant trois ans. [...] Les jeunes se voient confier un instrument et apprennent à en jouer grâce à une pédagogie innovante. « [...] Ils sont d'abord immergés dans une dimension musicale en écoutant de grandes pièces orchestrales [...], par exemple, mais sans partition. Tout passe par l'oral. Nous introduisons en douceur, par des techniques très simples, le solfège, l'instrument. Voir les enfants plusieurs heures par semaine en collectif, et non pour un court temps individuel comme au conservatoire, permet de réels progrès », explique Benjamin Ducasse, le coordinateur pédagogique. [...]
C'est un travail collectif associant un coordinateur pédagogique et des intervenants artistiques (musicien, danseur ou chef de chœur) avec lesquels les enfants s'exercent 3h30 hebdomadaires, par groupes de 15, aidés par un référent social.
Pour renforcer l'adhésion au projet, les référents sociaux [...] font également orchestre avec les enfants : eux aussi apprennent la musique ! « Ils sont des piliers, capables d'animer eux-mêmes des temps de musique quand j'ai besoin de prendre un élève à part. Cette approche collective et cette liberté pédagogique sont la force de Démos. », soutient Marie Bonin, intervenante contrebasse. Sans oublier l'implication des parents. En juin, Nathalie et Laurence, mères de Léo et Léa, chanteront sur scène, aux côtés de leurs enfants [...].

*en tutti : Tous ensemble, terme musical.

Isabelle Guardiola, *Valeurs Mutualistes*, n°319, 1er trimestre 2020

1. Les enfants interviewés apprécient…
   a. leur participation à l'orchestre. ☐
   b. la beauté de la musique écoutée. ☐
   c. la personnalité de leur professeur. ☐

2. L'un des enfants interviewés est stressé par l'idée de…
   a. abîmer son bel instrument. ☐
   b. jouer devant un large public. ☐
   c. être entendu par ses camarades. ☐

3. Au moment du reportage, les enfants vont à Paris pour assister à un concert.
   Vrai ☐   Faux ☐

4. Les enfants connaissaient peu la musique classique avant de participer à Démos.
   Vrai ☐   Faux ☐

5. Avec le projet Démos, les enfants apprennent la musique classique…
   a. en groupe. ☐
   b. en cours particuliers. ☐
   c. avec un professeur attitré. ☐

6. Les référents sociaux suivent la même formation musicale que les enfants.
   Vrai ☐   Faux ☐

7. Avec le projet Démos, les parents peuvent…
   a. participer à l'orchestre. ☐
   b. écouter les répétitions. ☐
   c. recevoir un instrument. ☐

DELF BLANC 2

Exercice 3 ... / 9 points

SPORT ET ÉTUDES

À 21 ans, Julia Almeida, nageuse et étudiante, a le statut de sportive de haut niveau. Comment concilier ses passions pour le sport et les études ?

Julia a commencé enfant la natation et la compétition. À la fin du lycée, elle était classée 10e aux 50 mètres nage libre parmi les nageuses françaises de son niveau. Elle a été triple championne de France aux championnats universitaires.

Alors que de nombreux nageurs, comme Camille Lacourt ou Florent Manaudou, ont arrêté leurs études assez tôt, Julia n'a pas voulu choisir entre ses études et la natation. Elle a suivi à l'université un cursus en biologie, puis est entrée en école d'ingénieur.

À l'université, son emploi du temps était extrêmement chargé : « La semaine, je nageais et m'entraînais deux fois par jour, de 6 h à 8 h et de 18 h à 20 h. Mes cours se trouvaient entre les deux. Le week-end, je me consacrais au travail scolaire. C'était mon choix, j'ai donc continué malgré les difficultés. Depuis que je suis en école d'ingénieur, j'ai beaucoup moins de temps pour nager, et ma charge de travail est accrue. Cela risque de mettre un frein à une éventuelle carrière dans la natation, car il faut beaucoup plus d'entraînements pour atteindre un très haut niveau. » Elle a tout de même participé à des compétitions et des championnats.

À l'université, Julia a pu s'adresser au bureau Phase, qui aide les sportifs, artistes et personnes handicapées à rattraper leurs cours, mais « leurs moyens sont limités, nous dit-elle. J'ai dû manquer des cours car certains professeurs n'étaient pas conciliants. D'autres, au contraire, comprenaient et me laissaient changer de groupe de TD ou me faisaient passer les examens en deuxième session. Je n'étais pas dans de bonnes conditions pour accéder à des championnats de très haut niveau, des mondiaux par exemple ». La solution qui lui avait été proposée était de répartir sur deux ans son année de cours, mais comme Julia le dit « je ne voulais pas perdre de temps ! Finalement, il n'y avait pas de réel aménagement de l'emploi du temps. L'université de Bordeaux devrait être plus souple avec les sportifs, même si son président nous a assurés que beaucoup de choses étaient mises en place. D'autres aménagements semblent compliqués, mais ce n'est pas infaisable… ».

D'après Camille Galy, *Campus*, supplément au journal gratuit *Junkpage, La culture en Nouvelle-Aquitaine*, octobre 2019

1. Julia a déjà gagné des compétitions.
   Vrai ☐   Faux ☐

2. Après le lycée, Julia a choisi de suivre l'exemple de nageurs célèbres.
   Vrai ☐   Faux ☐

3. Pendant ses études à l'université, Julia a suivi un emploi du temps rigoureux.
   Vrai ☐   Faux ☐

4. Selon Julia, ses études en école d'ingénieur…
   a. lui permettent de diversifier ses compétences. ☐
   b. sont gênantes pour développer sa carrière de nageuse. ☐
   c. demandent la même concentration qu'une compétition. ☐

5. À l'université, pour concilier le sport et les études, Julia…
   a. a dû s'entendre avec des professeurs ouverts. ☐
   b. a eu le droit de ne pas assister à tous les cours. ☐
   c. a pu bénéficier de certains services de l'université. ☐

6. Julia regrette qu'en étant à l'université, elle n'ait pas pu…
   a. obtenir de bons résultats scolaires. ☐
   b. concourir à certaines compétitions. ☐
   c. faire une année d'études en deux ans. ☐

7. Julia trouve que l'université…
   a. pourrait être mieux adaptée aux sportifs. ☐
   b. devrait proposer plus d'enseignements sportifs. ☐
   c. gagnerait à développer les équipements sportifs. ☐

PRODUCTION ÉCRITE

... / 25 points

Vous lisez ce message.

> **DONNEZ VOTRE AVIS !**
>
> Partagez votre expérience avec les étudiants du monde entier !
>
> Nous recherchons le témoignage de personnes qui étudient une langue étrangère.
> - Quelle est la meilleure langue à étudier d'après vous ? Pourquoi ?
> - Quelles sont vos motivations, vos objectifs ?
> - Comment se passe votre apprentissage de la langue ?
> - Avez-vous des conseils pour ceux qui veulent commencer ?
>
> Laissez votre témoignage en commentaire...

Vous écrivez votre témoignage. (160 mots minimum)

PRODUCTION ORALE

... / 25 points

Exercice 1 : Entretien dirigé
Après avoir salué votre examinateur, vous vous présentez : vous expliquez quelles sont vos activités quotidiennes, vos loisirs, vos passions et vos goûts.

Exercice 2 : Exercice en interaction
Mettez-vous dans les conditions de l'examen : choisissez un sujet, lisez-le, puis jouez cette situation avec un camarade ou votre professeur, sans préparation.

Sujet 1 : Vos amis vous ont rendu visite pendant une semaine, vous n'avez donc pas pu assister à vos cours de français ni faire vos exercices. Votre professeur n'est pas satisfait et vous demande des explications. Vous lui expliquez votre situation et essayez de vous justifier. L'examinateur joue le rôle de votre professeur.

Sujet 2 : Votre ami a un rendez-vous amoureux avec une personne qu'il a rencontrée sur Internet. Il n'est pas rassuré et manque de confiance en lui. Il vous demande donc de le conseiller.
L'examinateur joue le rôle de votre ami.

Exercice 3 : Monologue sur l'expression d'un point de vue
Dégagez le thème soulevé par le document et présentez votre opinion sous la forme d'un exposé personnel de 3 minutes environ.
Mettez-vous dans les conditions de l'examen : vous avez 10 minutes pour lire le sujet et noter sur votre brouillon vos idées principales.

Ni cours, ni programme : bienvenue dans les écoles démocratiques

Imaginez une école où il n'y a pas de cours de maths, pas de cours de français imposés. Une école où il n'y a tout simplement pas de cours. Où les enfants sont libres de jouer, de discuter, ou même de ne rien faire.

Dans ces écoles démocratiques, les élèves sont libres d'occuper leurs journées comme ils l'entendent. Aucun cours, aucune sortie, aucune activité ne leur sont imposés. « Nous faisons confiance à la curiosité naturelle de l'enfant », justifient les adeptes de cette « méthode » ; selon eux, n'importe quel enfant a soif de découvrir le monde qui l'entoure. Pour qu'ils ne soient toutefois pas totalement livrés à eux-mêmes, une équipe d'adultes les encadrent. « Nous sommes des facilitateurs », pointe Benjamin, membre du staff de l'École dynamique : « Si un élève nous dit qu'il veut apprendre le russe, on peut l'aider à trouver quelqu'un qui parle le russe, ou lui conseiller de former un groupe. »

D'après *www.slate.fr*

N° de projet : 10270121
Achevé d'imprimer en mars 2022 par Bona S.p.A. à Turin en Italie.